大师管理经典

组织生存力

彼得·德鲁克带领6位大师与你探索打造卓越组织的5大力量

合著者	管理学之父	彼得·德鲁克
企管大师 吉姆·柯林斯	领导力大师	吉姆·库泽斯
营销大师 菲利普·科特勒	洛克菲勒基金会总裁	朱迪思·罗丁
市场大师 V.卡斯特利·兰根	德鲁克基金会主席	弗朗西斯·赫塞尔本

与组织存亡攸关的 5 个问题

刘祥亚 ○ 译

重庆出版集团 重庆出版社

The Five Most Important Questions You Will Ever Ask About Your Organization
by Peter F. Drucker and Leader to Leader Institute
Copyright © 2008 by Leader to Leader Institute.
Original English Language edition published by John Wiley & Sons, Inc., Hoboken, New Jersey
Simplified Chinese Edition Copyright © 2009 **Grand China Publishing House**
This translation published under license.
All rights reserved.
No part of this book may be used or reproduced in any manner whatever without written permission except in the case of brief quotations embodied in critical articles or reviews.

版贸核渝字(2009)第096号

图书在版编目(CIP)数据

组织生存力/〔美〕德鲁克著；刘祥亚译.—重庆：重庆出版社，2009.10
书名原文：The Five Most Important Questions You Will Ever Ask About Your Organization
ISBN 978-7-229-01318-9

I.组… II.①德… ②刘… III.①企业管理－组织管理学 IV.①F272.7

中国版本图书馆CIP数据核字(2009)第187242号

组织生存力
ZUZHI SHENGCUNLI

彼得·德鲁克
吉姆·柯林斯
菲利普·科特勒
〔美〕 吉姆·库泽斯 著
朱迪思·罗丁
V. 卡斯特利·兰根
弗朗西斯·赫塞尔本
刘祥亚 译

出 版 人：罗小卫
策　　划：中资海派·重庆出版集团图书发行有限公司
执行策划：黄 河 桂 林
责任编辑：刘 翼
版式设计：洪 菲
封面设计：陈文凯

重庆出版集团
重庆出版社 出版

(重庆长江二路205 号)

深圳市彩美印刷有限公司制版　印刷
重庆出版集团图书发行公司　　发行
邮购电话：010-85869375/76/77 转810
E-MAIL：sales@alphabooks.com
全国新华书店经销

开本：890mm×1240mm　1/32　印张：5.5　字数：70 千
2009年11月第1版　2009年11月第1次印刷
ISBN 978-7-229-01318-9
定价：29.80元

如有印装质量问题，请致电：023-68706683

本书中文简体字版通过Grand China Publishing House(中资出版社)授权重庆出版社在中国大陆地区出版并独家发行。未经出版者书面许可，本书的任何部分不得以任何方式抄袭、节录或翻印。

版权所有　侵权必究

名家推荐

没有人，包括苏格拉底在内，能够比彼得·德鲁克提出更好的问题了。这本书集合了所有必要的智慧和经验，它可以迅速让你的工作变得高效。没有什么比这更好的了。这种感觉好像彼得就在你身边一样。

——鲍伯·班福德 (Bob Buford)
《人生下半场》(*Halftime*) 和《漂亮收尾》(*Finishing Well*) 作者
彼得·德鲁克基金会创始主席

比起当年他初次提出这些见解，今天彼得·德鲁克敏锐且深刻的洞见更切题，也更有必要。彼得·德鲁克基金会根据他的经典之作《自我评估工具》(*Self-Assessment Tool*) 推出这个有益的修订版，为非营利机构、企业、政府部门的经理人和领导者提供了一部有用的指南，使他们更好地理解自己需要做什么，为什么要这样做，以及如何去做。在讲求有效管理与诚信领导的时代，德鲁克的常识和勇气是所有人（那些想要把事情做正确以及想要做正确事情的人）的榜样。"

——艾拉·A. 杰克逊 (Ira A. Jackson)
彼得·德鲁克和 Masatoshi Ito 管理学院院长
美国克莱蒙特大学德鲁克管理研究生院院长

Praise

◆ 名家推荐 ◆

无论你的组织属于哪个部门,规模有多大,只要你想将自己的组织带到未来,彼得·德鲁克的《组织生存力》都是不可或缺的工具。一旦提出这些问题,一场旅程就开始了。而且,正如彼得·德鲁克在这本书中提醒我们的,答案就在问题本身当中。

——凯茜·克洛宁格 (Kathy Cloninger)
辛西亚·汤普森
美国女童子军 CEO

彼得·德鲁克基金会做了一件了不起的工作。优秀的领导者懂得提供答案,而伟大的领导者则懂得提出正确的问题——这部精彩的作品能协助所有领导者问对的问题,给好的答案。

——吉姆·柯林斯 (Jim Collins)
《从优秀到卓越》(Good to Great)、《基业长青》(Built to Last) 作者

真是一笔令人吃惊的财富,它可以帮助你的组织——哪怕是最成功的组织变得更加成功。

——马歇尔·古德史密斯 (Marshall Goldsmith)
国际畅销书《魔鬼管理学》(What Got You Here Won't Get You There) 作者

Praise

◆ 权威推荐 ◆

杜绍基(Henry To)
彼得·德鲁克管理学院院长
北京光华慈善基金会秘书长

"做正确的事"比"把事情做正确"更重要

英国童话作家卡罗尔的作品《艾丽丝漫游奇遇记》中有这样一个情景：小主人公艾丽丝迷路了，她到处摸索。就在疲惫不堪的时候，面前出现了两条岔路，她不知应选哪一条。这时，她忽然看见一棵树上躺着一只猫，于是她向猫询问应该选哪一条路。猫问艾丽丝："你要往哪里去？"艾丽丝说："我不知道。"猫接着说："那你选哪一条路都无所谓了。"虽然这是童话故事，但也提醒我们：假若我们自己都不知道人生的方向、组织的方向，那我们最终只会原地踏步、徒劳无功。

2008年年初，我在美国纽约拜会多年好友彼得·德鲁克基金会主席弗朗西斯·赫塞尔本女士时，她告诉我彼得·德鲁克基金会《非营利组织自我评估工具》正在第三次改版，名为《组织生存力》，我感到非常兴奋。此书1993年初版，1999年再版，当时分为"导师手册"和"学员手册"两部分。作为此

Praise

✦ 权威推荐 ✦

评估工具的认证培训师（The 5 Most Important Questions Certified Facilitator），自 2000 年开始我便研究和应用这本实用的工具书，并且作为教材在课堂上使用，无论是我还是学员都深受启发和帮助。许多非营利组织和企业围绕这五个问题展开深入的讨论、辩论，甚至因省悟过去犯了许多错误而感到懊悔。他们需要作出艰难的决定，重新回到组织原先成立的目的，或者因使命已完成或不合时宜而修订使命，或者对现有项目重新安排或放弃，或者资源重新调配，甚至整个组织重组、分拆和结束业务。此外，也有组织因为这五个问题而更坚信他们组织存在的意义和价值，更专注于服务客户的需要，更了解他们的事业是什么，制订更有效、更以成果为导向的决策，全组织更团结而且士气高涨。这是因为大家领悟到"做正确的事"比"把事情做正确"更重要。倘若这五个问题被忽略，那不但资源会被浪费，而且走得愈快后果愈严重。你可曾想过，浪费社会资源也是一种不负责任、不道德的行为？因此，单有良好的意愿，一心做好事是不够的，你必须把良好意愿转化为有效的计划和行动，把社会委托给你的资源最大化地使用，否则有时会好心做坏事，耗费资源却只能让少数人受惠，那又有什么意义呢？

2008 年 5 月四川汶川大地震后，许多非营利组织第一时间投入救灾工作，把大量物资源源不断运到灾区，并且让他们的项目官员改变原有工作计划，派驻灾区进行救伤扶危，派发物

Praise
◆ 权威推荐 ◆

资、灾后重建，提供临时教育、孤儿关爱、心理辅导等一系列社会服务，这些都是当时灾区最需要的。我负责的北京光华慈善基金会，因当时在四川都江堰某女子监狱对干警举办专为犯人设计的创业培训课程的师资培训，我们三位项目官员都"难逃一震"，他们与干警及犯人们在露天操场上经历着数百次余震，度过了漫长的一夜。次日，我们及时取消课程，改成紧急救灾行动。由于我们的人员已身在灾区，非常清楚当地的情况和需要，因此透过基金会北京总部、四川政府部门及民间组织的协助，第二天数辆大货车满载光华救援物资，如饮用水、米、面等，运抵灾区向受灾民众发放。此外，我们联系的大型帐篷制造商也在加紧赶制帐篷，为灾民提供临时安身之所。在北京，我们安排专家为准备去灾区的志愿者提供心理辅导和医护常识训练。数周后，随着灾情得到有效控制，国内、国际救援物资大量运抵四川，专业救援队伍和灾后重建组织陆续进驻，光华便有序退出，全体同事又专注于原先的工作，即"帮助人在尊严中发展，激发人在发展中奉献"，继续做"授人以渔"的创业教育和非营利组织能力建设工作。但我也看到有些非救灾专业的组织仍不断投入资源，把一些未受过救援或医护训练的员工留守在余震不断的危险地区，不但有人身安全问题，也让其家人担惊受怕，而且捐赠的物资未能有效分配，捐建的学校缺乏专业工程质量监管，学校后续管理难以到位，与捐赠人的期望产生距离。更令人担心的是，这些组织无论原先成立的目的和使命是助学的、扶贫的、环保的、还是慈善的、教育的，都因一次突发的天灾而改变了原先的计划，愈走愈远而没觉察，理事会也因缺乏经验而未能有效提醒或改正，以致部分有特定抱负的员工转投别的组织，这都是因为领导者不能坚守使命、认定目标、失去方向所致。

为什么要特意为非营利组织制订这工具？因为单有善心、单有良好意愿是不够的，他们需要避免将履行工作本身视为目标成果，要减少将宝贵资源浪费在没有成果的项目上，要知道组织的成果总是在组织以外，而非组织之内。这工具能定期帮助全体成员不断瞄准组织的使命，协助制订更具体、实在的目标，并帮助组织内的每个成员发挥所长，把美好的愿望透过合理的策略和准确的决策，最终转化为有效的行动。

德鲁克的五个最重要的问题，看似简单又普通，但这类问题却最难回答，又最难回答得正确，因为它们直指事情的核心，迫使你去认真面对看似懂却又屡犯屡错的本质问题。这些基础问题源于德鲁克在1954年提出的事业理论(The Theory of the Business)中的三大假设问题：我们的事业是什么？我们的事业将是什么？我们的事业应该是什么？这些问题是企业制定战略的依据，是事业兴亡的关键，能引领你深入探索组织及个人的存在意义和价值，给你方法去提升质量、品格、意志、价值观和勇气，帮助你牢记做事的原因和目的。本书适合整个组织共同学习、探讨，以及做毫无保留的X光透视，最终做出改革的方案，付诸行动和达成结果。当整个组织致力于自我评估，就等同致力于领导力的全面发展。

我深信在读者们经过深入和诚实的自我评估后，你们便能明确组织的结果应该是什么，以及知道为了未来的成功，资源应该集中在何处。领导层实践自我评估的首要工作，就是不断的使其工作变得更专注。它不仅能告诉你该做什么，还能告诉你不该做什么。因此，本书是一套战略工具，它不单适合非营利组织，也适合企业和政府部门学习和使用。

正写此文时，收到弗朗西斯·赫塞尔本女士助理的来电，赫塞尔本女士以90多岁高龄于2009年8月25日被美国西点军校任命为领导力研究项目的主席，隶属于西点军校最大的学系——行为科学与领导力系。这是首位非西点军校毕业的领导力专家担任此职位。赫塞尔本女士曾作为世界最大女性组织美国女童军的执行总裁成功地领导其组织走向繁荣，也曾因卓越的领导力于1998年获得美国前总统克林顿颁发的最高公民荣誉"总统自由勋章"。彼得·德鲁克先生生前对作为领导者的赫塞尔本女士有过高度评价："她可以管理美国任何一家企业。"

愿这本书能够帮助你的组织和你个人，也愿别人的生命因你有成效的工作而被改变！

Contents

目录

名家推荐 3
权威推荐 5
前　言 13
关于彼得·德鲁克 21

为什么要进行自我评估 (彼得·德鲁克) 27

问题1 我们的使命是什么？ 37
（彼得·德鲁克/吉姆·柯林斯）

　　在进行自我评估的过程中，一定要把最核心的问题——"我们的使命是什么？"，始终放在第一位。对于领导者来说，一个最基本的任务就是确保组织中的每一个人都知道本组织的使命，能够理解并认真贯彻它，而且永远不要为了金钱而放弃自己的使命。

问题2 我们的顾客是谁？ 57
（彼得·德鲁克/菲利普·科特勒）

　　公司唯一的利润来源就是顾客，所以我们要努力弄清楚我们的目标顾客是谁，这个定义会影响我们的所有决定，比如说产品外观的设计、产品功能的设计、分销渠道的选择、宣传信息的编制、宣传媒体的选择，甚至包括我们的定价策略。

问题3 我们的顾客重视什么？ 75
（彼得·德鲁克/吉姆·库泽斯）

　　这个世界上绝对没有不理性的顾客，顾客都会毫无例外地结合自己的实际情况来做出最为理性的决定。管理者甚至都不应该去猜测"顾客到底重视什么"这个问题,他们应该设法主动地去向顾客了解这个问题的答案。

问题4 我们追求的成果是什么? 93
(彼得·德鲁克/朱迪思·罗丁)

为了更好地实现自己的使命,每一家组织都需要决定该对什么加以评量和裁定,以便将资源集中在成果的追求上。任何组织的成就都可以用定量和定性两种标准来衡量,你有必要去了解这两种标准。

问题5 我们的计划是什么? 113
(彼得·德鲁克/V.卡斯特利·兰根)

自我评估的最后结果,就是形成一份能够概括组织目标和未来方向的简明计划。这份计划应该包括组织的使命、愿景、行动目标、计划、行动步骤、预算,还有一些具体的评估指标。

转型领导力(弗朗西斯·赫塞尔本) 137

自我评估流程(彼得·德鲁克) 145

可进一步探索的问题(彼得·德鲁克) 149

名词定义 163
关于其他作者 167
关于彼得·德鲁克基金会 171
致 谢 173

◆ 前 言 ◆

弗朗西斯·赫塞尔本 (Frances Hesselbein)
彼得·德鲁克基金会主席兼 CEO
美国西点军校领导力研究项目主席

人们常说,简单的问题往往是最难回答的。为什么会这样呢?按照正常的逻辑,简单的问题不应该是最容易回答的吗?并非如此。简单的问题也会非常深刻,要想回答这些问题,我们可能也需要做出诚实而严格(有时甚至是非常痛苦)的自我评估。可另一方面,如果不去考虑彼得·德鲁克最初谈到的这 5 个简单而深刻的问题,我们显然无法更好地服务我们所在的组织、顾客和我们自己——无论它是企业,非营利组织,还是公共部门。

正如彼得·德鲁克在《组织生存力》〔直译名《非营利组织必须思考的 5 个问题》(*The Five Most Important Questions You Will Ever Ask About Your Nonprofit Organization*)〕第一版中

Foreword

✦ 前 言 ✦

指出的那样,"关于自我评估工具,最重要的是它所提出的问题。答案的确重要;你需要答案,是因为你需要采取行动。没有答案我们不知道该做什么,但更重要的是要学会提出这些问题。"

15年前,彼得·德鲁克基金会启动了一项计划。当时这家机构的名字是彼得·德鲁克非营利组织管理基金会,其使命是帮助社会公共部门实现卓越,培养负责任的公民团体。刚开始启动这项计划时,我们从顾客那里听到的最直接,也是最紧迫的问题就是,"你说我们应当实现卓越,可问题是,我们怎样才知道自己是否实现卓越了呢?"于是,我们就把回答这个问题当做本基金会的第一个项目,与顾客/合作伙伴一起,开发一套针对组织的自我评估工具。

在这个过程中,我们得到了各方的大力支持,很多工作都是由那些充满热情的志愿者、工作人员、各种组织机构来完成的,他们做了很多协调工作,参与了工具的开发、测试,以及第一版《组织生存力》的出版和发行。但对于这个项目

Foreword

◆ 前 言 ◆

来说，最核心的还是彼得·德鲁克的管理理念。我们相信，如果彼得·德鲁克今天来到你的公司，他仍然会提出自己早在15年前就已经提出的那些问题：

1. 我们的使命是什么？
2. 我们的顾客是谁？
3. 我们的顾客重视什么？
4. 我们追求的成果是什么？
5. 我们的计划是什么？

这5个简单，但内涵复杂且引人入胜的问题直到今天仍然十分重要。这些问题独具匠心，虽然最初只是适用于公共部门，但今天几乎可以被应用到任何组织当中。本书的出版是为了帮助组织进行战略性的自我评估，而不是进行项目评估或者是为单个员工进行业绩总结。第一个问题是最基本的"我们的使命是什么？"它所拷问的是一家组织存在的理

Foreword

✦ 前 言 ✦

由,它为了什么而存在——而不是将以怎样的方式存在。使命总是能够激发人们的热情,你的组织将因为自己所肩负的使命而被人们所记住。接下来的问题将会帮助你评估本组织的运营状况,最后讨论的是一个可以衡量的、以成果为导向的战略计划,它可以帮助你进一步明确本组织的使命,并在这一愿景的指引下最终实现组织的所有目标。

整个评估过程非常简单,但它却可以帮助你所在的组织,以及那些跟你的组织相关的人或顾客更好地反省,明确优势和劣势,拥抱变革,大胆创新,虚心接受顾客反馈并积极采取行动,看清本组织所面对的潮流和机遇,有计划的放弃,提供可以衡量的结果。总是满足于只做好事的组织终将成为历史。**只有那些能够持续实现可衡量的成果的组织才能走向未来。**

在使用本书提供的自我评估工具时,你可以根据组织的实际情况对该工具进行调整。你可以将它带到你的董事会或者是 CEO 的办公室。你可以在任何部门——公共部门、

Foreword

前言

私营企业，或者是社会部门——使用这套工具。不管你的组织是位列"《财富》500强"的跨国巨头，还是一家刚刚成立的创业公司；是一个大型政府机构，还是一个地区性的小部门；是一家身家10亿美金的非营利基金会，还是一个只有10万美金资产的收容所……这些都不重要，**真正重要的，是你对未来的承诺，对顾客的承诺，对组织使命的承诺，以及对整个实现过程的承诺**。发现自我是一个大胆的过程，它要求你的组织敢于不断内省，只有这样，你的组织和领导者们才会有能量和勇气不断成长。

15年前，这五个问题曾经风靡一时，成为所有雄心勃勃的组织不可缺少的测评工具。彼得·德鲁克和当时的彼得·德鲁克基金会开发的这套测评工具，极其契合20世纪90年代的历史背景。

今天，在对这套工具重新进行修订的时候，我们同样考虑了当今的时代背景，保证在新时代、新背景之下，这五个问题仍然是极其重要的，依旧能够满足我们这个时代所有

Foreword
前言

组织和机构的根本需要。时至今日,现代管理之父的理念能够再一次引导我们走向未来。

在本书的成书过程中,当今最负盛名的五位思想领袖为我们提供了慷慨的支持,在此要向他们表示最诚挚的感谢,他们是:

- ◆ 吉姆·柯林斯(Jim Collins),他告诉我们,一家组织的使命可以反映该组织在"持续性"和"变革"之间会遇到怎样的矛盾,以及那些善于变革的组织应该在哪些方面保持不变。

- ◆ 菲利普·科特勒(Philip Kotler),他教会我们如何更好地了解自己的目标顾客,更深层次地满足这些顾客的需要,而不是去满足所有人的要求。

- ◆ 吉姆·库泽斯(Jim Kouzes),他让我们知道,杰出的领导者最需要做的事是为顾客创造价值。

- ◆ 朱迪思·罗丁(Judith Rodin),他明确指出,如果

Foreword
✦ 前 言 ✦

不能够帮助组织取得可衡量的结果,并且根据目标的变化而随时做出调整,一项计划就不能说是完整的或是令人满意的。

◆ V.卡斯特利·兰根(V. Kasturi Rangan),他告诉我们该如何制订一份出色的计划,并让我们了解到监督计划的执行,以及确保在下一个计划周期之前完成反馈的重要性。

我坚信,你将从这些思考中受益无穷,也会像我们一样,对他们为本书所贡献的智慧和经验而感激不已。正像我前面所说,《组织生存力》最初的思想发源于彼得·德鲁克,在本书当中,我们将再次与你一起分享德鲁克的智慧,并用五位伟大的管理思想家的智慧进一步丰富德鲁克的理念。

最后,我们要向我们的读者和支持者们,那些与我们一路同行的人,表示深深的感谢。

Peter F. Drucker

✦ 关于彼得·德鲁克 ✦

管理大师的传奇一生

彼得·德鲁克（1909—2005年），被公认为"管理学之父"，他身兼数职，是作家、教师以及企业和社会部门战略及政策顾问。作为一名作家，管理顾问和教师，德鲁克的职业生涯横跨了将近75个年头。他通过一系列革命性的著作将现代管理学变成了一门严谨的学科。他的影响力与创造力几乎触及了现代管理学的每个方面，包括分权、私有化、授权，以及提出了"知识工人"（the knowledge worker）的概念。他一生著书多达31本，先后被翻译成20多种语言。其中，有13本涉及社会、经济学和政治学，15本涉及管理学；另外还有两本小说，其中一本是个人自传；他还同人合著了一本关于日本绘画的书。此外他还根据自己的管理著作拍摄了四部教育系列电影。他曾经为《华尔街日报》（*Wall Street Jounal*）担任专栏作家，并且是《哈佛商业评论》（*Harvard*

◆ 关于彼得·德鲁克 ◆

Business Review) 等多家高端杂志的长期撰稿人。

德鲁克1909年出生于维也纳,先后在维也纳和英格兰接受教育。他在德国法兰克福一家报纸担任记者时,获得了公共及国际法博士学位。此后他曾经在伦敦一家跨国银行担任经济学家。1933年,德鲁克离开希特勒统治下的德国,前往伦敦,在一家保险公司担任证券分析师。四年后,他与多丽丝·施密兹(Doris Schmitz)结婚,夫妇二人于1937年前往美国。

1939年,德鲁克在纽约萨拉·劳伦斯学院(Sarah Lawrence College)担任兼职教师。1942年,他前往佛蒙特州本宁顿学院(Bennington College)担任政治学及哲学教授,并于第二年暂停自己的教师工作,前往通用汽车公司进行一项为期两年的管理结构研究课题。这次经历让他最终写出了《公司的概念》(*Concept of the Corporation*)一书,该书一经出版,便立刻在美国和日本大获成功,并因此形成了"伟大的公司应该成为人类最了不起的发明"这一理念。此后20

多年，德鲁克一直在纽约大学研究生院担任管理学教授一职。任教期间，他被授予该学校的最高荣誉——"总统勋章"。

1971年，德鲁克移居加利福尼亚，在克莱蒙特大学（Claremont Graduate University）主导创建了美国第一个为在职人员举办的MBA项目。1987年，克莱蒙特大学以他的名字为学校的管理学院命名。2002年春，他上完了自己的最后一堂课。多年以来，他的讲课一直都是该校最受欢迎的课程，受到了全校学生的欢迎。

作为一名顾问，德鲁克先后为多个政府部门、企业和非营利组织提供战略和政策咨询服务。他尤其专注于组织最高管理层的工作。他的顾客既包括全球顶级的跨国公司，也包括那些刚刚成立的小型公司。近年来，他把很多时间用来为非营利组织，包括大学、医院和教堂等，提供咨询服务。他曾经担任过美国政府多个部门的管理顾问，并受到加拿大、日本、墨西哥等国家的邀请。

无论是在美国还是在其他国家，彼得·德鲁克一直都

◆ 关于彼得·德鲁克 ◆

被认为是当代组织管理界最有影响力的思想家、作家、演说家。在过去的60多年里,德鲁克的作品对当代的各种组织,以及他们的管理层,产生了难以估量的影响。多年以来,德鲁克始终以其深刻的见解和深入浅出阐述理念的能力受到各个机构管理层的重视。德鲁克的管理理念当中,最为核心的部分在于,在任何组织当中,人始终都是最重要的资源,而管理者的任务就是为人员提供条件,让他们自由释放自己的潜力。1997年,德鲁克登上《福布斯》(*Forbes*)杂志封面,这期杂志的标题是"仍然是最年轻的大脑",《商业周刊》(*Business Week*)称其为"当代管理界不朽的思想家"。

2002年6月21日,彼得·德鲁克凭借其《卓有成效的管理者》(*The Effective Executive*)和《21世纪的管理挑战》(*Management Challenges for the 21st Centure*)获得乔治·布什总统授予的自由勋章。

在他的一生当中,德鲁克先后在全世界不计其数的大学,包括美国、比利时、捷克斯洛伐克、英国、日本、西班牙、瑞士等，被授予了各种各样的荣誉学位。他还担任过彼得·德鲁克基金会荣誉主席。2005年11月11日，德鲁克去世，享年95岁。

管理学之父

◆ 彼得·德鲁克 ◆

为什么要进行自我评估

美国人在自己生活的社区当中一向有着很强的公民意识。在美国，一共有 9 000 万志愿者在非营利组织中工作——非营利组织是美国最大的雇主。毫无疑问，这些非营利组织对于美国人的生活质量至关重要，这也是美国社会最显著的特征之一。

40 年前，在非营利组织当中，管理还是一个相当令人反感的字眼。对当时的人们来说，管理意味着商业，而非营利组织绝对不会跟商业有任何关系。今天，非营利组织开始清醒地意识到，他们比商业组织更加需要懂得管理，因为他们没有任何约定俗成的业绩标准。他们需要学习如何进行管理，只有这样，他们才能集中精力去实现自己的使命，但另一方面，由于长久以来对管理的忽视，非营利组织的管理者突然发现，几乎没有适合自己、切合需要的管理工具可以借鉴。

虽然一些非营利组织的管理水平丝毫不亚于企业公司,但绝大多数非营利组织的管理水平充其量只能达到"C"。这并不是因为他们不够努力,事实上,大多数非营利组织都非常努力;而是因为他们没有重点,没有合适的工具。我相信,这种情况很快就会得到改变,如今我们在彼得·德鲁克基金会的同事们就在试图改变这一切。

多年以来,大多数非营利组织都觉得,对于他们来说只要有一个良好的意愿就可以了。可在今天,我们都清醒地意识到,由于非营利组织没有一个清晰的业绩标准,所以我们必须更加注重管理,必须将纪律的观念深深植入组织使命当中。我们必须学会充分利用手头有限的人力财力,使其能够发挥最大的效用。我们必须想清楚一个问题:我们的组织追求的成果究竟是什么。

管理学之父

◆ 彼得·德鲁克 ◆

五个最基本且最重要的问题

自我评估的内容主要包括：你在做什么，为什么要这么做，怎样才能提高本组织的运营水平。**一套完整的自我评估包括五个最基本的问题：我们的使命是什么？我们的顾客是谁？我们的顾客重视什么？我们追求的成果是什么？我们的计划是什么？**自我评估的后续是采取行动，如果没有行动，评估将变得毫无意义。要想在一个不断变化的环境当中取得成功，社会部门的各种组织必须集中精力去实现自己的使命，勇于承担起自己的责任，并且取得最终的成果。

自我评估可以迫使组织努力去集中精力实现自己的使命。在美国，至少有80%的非营利组织规模都非常小，这些组织的管理者发现，当有人提出一个好的建议时，他们很难表示拒绝。我曾跟几位在当地教堂供事的好朋友提出，他们至少应该停下手头上一半的工作——并不是因为这些工作不重要，而是因为这些工作根本不需要由他们来完成。我告诉他们："有人会做这些事，而且比你们做得还要好。可能就在几年之前，你还需要亲自动手来帮助建立一家农产品市场，因为当时你们这个社区的越南移民们需要有地方来出售农产品。可如今情况不同了，你已经不需要再去操心这些事情。事实上，你该想办法放弃这项工作。"

如果不去认真征求"顾客"（请暂时不要跟我争论这个词）的意见，你就根本不可能知道自己的组织应该提供怎样的结果。在商界，顾客也就是你必须满足其需要的人或机构。如果不能满足他们的需要，你就根本不会取得任何成果，这样你很快就会破产。而对于一家非营利组织来说，你的顾客可能是你的学生、病人、会员、志愿者、捐赠者等，你必须认真思考这些人所关心的问题，并努力去满足他们的要求和期待。

问题在于，你并不清楚顾客到底有哪些需要。你很容易做出一些错误的猜测。作为一名合格的领导者，你甚至都不应该去猜测顾客的需要；你必须学会用一种系统化的方式去征求顾客的意见，以此来知道他们到底需要什么。在进行自我评估的过程中，你将跟你的董事会成员、员工以及顾客进行一场四方对话，在展开讨论或做出决定时，也必须考虑到他们各自的立场。

计划并非一次事件

在进行自我评估的过程中，你会逐渐制定出一套计划。计划经常被误解为"作出一些未来的决定"，但事实上，决定只存在于眼前。你必须制定出一些具体的目标，将它们逐渐累积起来，最终确定一个未来的愿景，可如今大多数组织所面对的一个迫在眉睫的问题并不是"明天要做什么"，而是"如果要得到自己想要的结果，我们今天应该做些什么？"计划不是一次事件，而是一个持续不断的过程，在这个过程中，我们需要不断加强那些行之有效的做法，放弃那些被证明是错误的做法，我们要不断地搜集尽可能多的信息，做出一些冒险的决定，我们需要确立一些目标，通过一种系统化的方式来评估组织的执行进程，并随着情况的变化不断进行调整。

鼓励建设性的异议

我发现，所有一流的决策者都会遵循一个简单的规则：在讨论任何一个非常重要的问题时，如果你的团队很快就达成了共识，千万不要贸然行事。当所有人很快达成共识时，很可能是因为大家都没有进行过调查研究。组织的任何一个决策都极其关键，而且具有一定的风险性，它们应该引起大家的争论。有句老话（这句话可以上溯到亚里士多德时代，后来成为早期基督教的一句箴言）"原则统一，行动自由，凡事皆互信（in essentials unity, in action freedom, and in all things trust.）"，这里所说的互信，就意味着大家要开诚布公地发表不同的意见。

对于非营利组织来说，要想形成一种"敢于创新，勇于负责"的氛围，领导者就一定要在组织内部培养一种健康的氛围，鼓励大家发表建设性的不同意见。非营利组织的领导者必须鼓励大家畅所欲言——因为所有人的出发点都是善意的。每个人的观点可能会有所不同，但大家彼此都是为了实现一个良好的目标。如果没有适当的鼓励，很多人可能就会避免一些会引起争执（但对于组织来说却又至关重要）的争论，或者把自己的不同意见变成私底下的相互怨恨。

之所以要鼓励大家要各抒己见，另外一个原因在于，任何组织都需要有一些敢于唱反调的人。我这里所说的"唱反调的人"，并不是指那些只会说"这样做是对的，那样做是错的——我们的做法介于二者之间"的人，而是指那些敢于提出质问的人，他们会问"我们到底该怎么做"，并且时刻愿意做出改变。要鼓励大家畅所欲言的最后一个原因在于，公开的讨论可以引出潜在的不同意见。只要大家能够真诚参与到决策当中，领导者根本不需要去说服下属执行某项决定。经过开诚布公的讨论之后，每个人的建议都会得到认真对待，这样形成的决定本身就是一个行动计划了。

创建明天的公民社会

自我评估实际上就是一个确立计划并帮助自己的组织成长为"业界领头羊"的过程。通过倾听顾客反馈，鼓励下属发表建设性意见，观察最新的社会潮流等方式，你就会不断拓展自己的视野，这些都有助于你做出一些至关重要的判断，比如说"是否要改变组织使命"，"是否要放弃那些已经没有生命力的项目，将资源集中到其他地方"，"如何将眼前的机遇跟你的能力和目标相互匹配"，以及"如何创建更加美好的社区，改变人们的生活"等。**自我评**

估永远是领导者最重要的工作：你要不断地打磨自己的组织，不断对组织进行重新定位，永远不要真正地感到满足——除非你已经取得了真正的成功。如果等到组织开始走下坡路时才采取行动，形势就会变得非常糟糕。

记住，我们正在创建明天的公民社会，这一重担就落在我们的社会部门，也就是你所在的非营利组织身上。在这样一个公民社会中，每个人都是领导者，每个人都必须肩负起自己的责任，每个人都必须有所行动。所以说，组织使命和领导力并不是一些随便读读，随意听听的东西，你必须有所行动。自我评估能将良好的意向和有用的知识转化为有效的行动——不是在明年，而是从明天早晨开始。

问题1
我们的使命是什么？

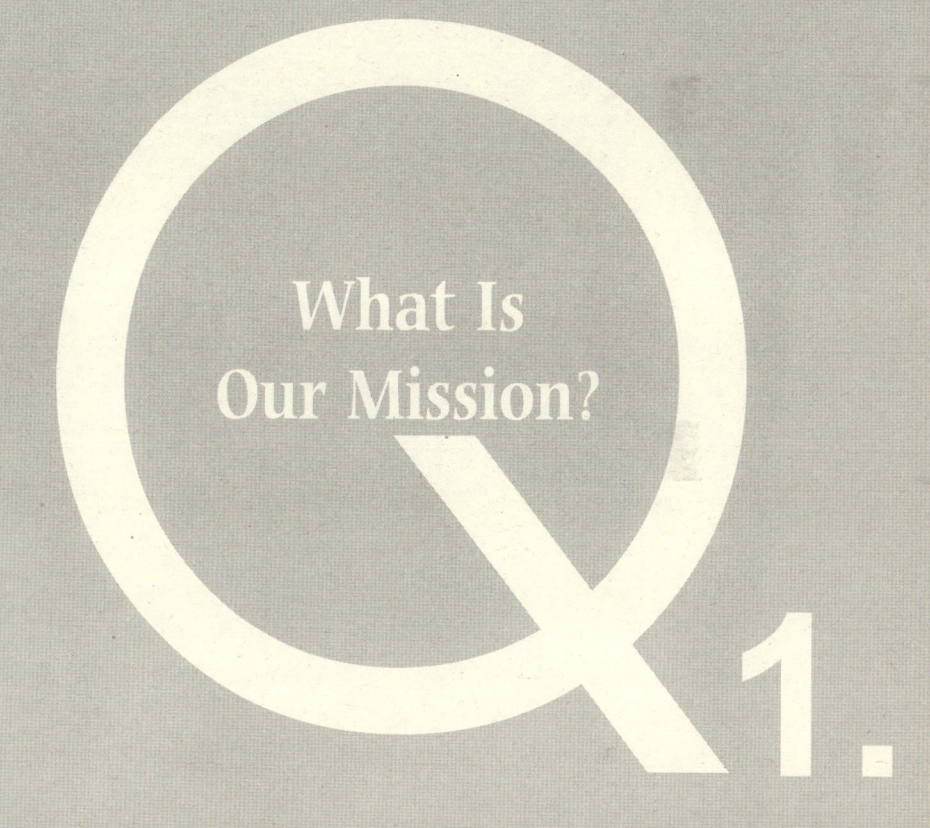

What Is
Our Mission?

Q1.

管理学之父
彼得·德鲁克

问题1 ——————————

我们的使命是什么？

我们现在的使命是什么？
我们所面对的挑战是什么？
我们的机遇是什么？
我们的使命是否需要调整？

管理学之父

✦ 彼得·德鲁克 ✦

每一个社会部门组织的存在都是为了使人们的生活和社会有所不同。今天，全美国有超过一百万家非营利组织，每个组织的使命或许各不相同，但它们的起点和终点都是要改变人们的生活。一个使命不可能完全不带任何个人色彩，但它必须拥有非常深刻的内涵，你必须对它抱有坚定的信念，它所表述的必须是你坚信的正确的事情。**对于领导者来说，一个最基本的任务就是确保组织中的每个人都知道本组织的使命，能够理解并认真贯彻它。**

很多年前，我曾经给一家大医院的管理者做过咨询，我们一起讨论了急诊室的意义。跟大多数医院的管理者一样，他们一开始也告诉我："我们的使命是提供保健服务。"这是个完全错误的定义。医院的任务并不是去关心人们的健康,而是帮助人们战胜疾病。我们用了很长时间才想出一个非常简单,而且极其明确(至少大多数人都这么认为)的使命:让患者安心。要想完成这一使命,我们首先必须了解患者的心理。在对社区进行调查之后,让这家医院的医生和护士们感到吃惊的是,对于病人来说,在他们的社区里,一间出色的急诊室最大的意义就在于,要让80%的病人确信:没什么大不了的,好好睡一觉就没事了。医生可以告诉家长:"孩子只是得了感冒,他有些抽搐,但没关系,这不是什么严重的情况。"就这样,只要几句话,医生和护士们就可以让病人感到安心。

了解这些情况之后,我们最终确定了医院的使命。这个陈述听起来极其简单,可问题是,要想将使命转化为实际的行动,就意味着医院必须做出调整,让每一位走进急

管理学之父

✦ 彼得·德鲁克 ✦

诊室的人能够在不到一分钟的时间里就受到专业的接待。要想做到这一点，第一步就是确保医生或护士能够看到所有走进急诊室的人，而且是在病人刚走进急诊室的那一刻就立即看到——因为这是唯一能让病人感到安心的方式。

使命可以印在 T 恤上

有效的使命通常是简短而明确的，它完全可以被印在一件 T 恤上。使命会告诉你为什么要承担某项工作——而不是如何去完成它。使命往往是宽广的，甚至是永恒的，但它却能够指引我们做出正确的选择，确保组织中的每个人都能告诉他自己，"我在做的事情有利于实现整个组织的目标"。所以，使命必须清晰而激动人心，要确保每一位董事、志愿者和组织成员在看到组织使命之后都能明确地告诉自己："是的，这就是我希望能够流传后世的东西。"

要想制定出一份有效的使命，你必须学会让机遇、能力和目标三者之间形成完美的匹配。每一个出色的使命都必须同时契合这三个要素。你首先要了解外部环境。那些只考虑自身情况，只懂得由内而外制订计划的组织注定会失败——因为它们的目光完全只盯着昨天。我们生活的这个世界每天都在变化：人口统计数据在不断变化，人们的需要也在不断变化。所以你必须设法了解那些即将发生，或者已经发生的事情，同时还要弄清楚你的组织当前所面对的挑战和机遇。**领导者别无选择，只能去努力预测未来，按照自己对于未来的预期去调整自己，同时要不停地告诫自己，"那些只知道跟随潮流的人一定会随着潮流衰落"**。毫无疑问，普通人并没有预见未来的天分，但就算是没有神谕的指引，你也需要认真评估组织可能会面临哪些机遇。

　　你必须学会关注整个行业当前的状况，组织外部环境的变化，竞争态势的变化，融资环境的变化……所有这些因素都要考虑。当然，无论如何变化，医院都不会去卖鞋，也不会大规模地进军教育领域，它们的主要任务仍然是照

> 管理学之父
>
> ◆ 彼得·德鲁克 ◆

顾病人,但每家医院具体的目标可能会有所改变,当前对它来说最重要的事情在过段时间之后可能就变得不再那么重要。不可否认,任何一家组织手头的资源(包括人力、财力,还有其他资源)都是非常有限的,所以你要经常问自己,我到底该将这些资源投到什么地方?到底怎样才能将自己的运营水平提高到一个新的档次?怎样才能最大限度地激发我的责任感?

作决定时要坚持原则

一个重要提示:**永远不要为了金钱而放弃自己的使命**。如果你眼前突然冒出了一些可能会与组织使命相悖的机遇,记住一定要学会放弃,否则你就会出卖自己的灵魂。

> 我曾经跟一家博物馆的管理层讨论过一笔捐赠,对方捐赠的是一大笔钱和一批非常有名的艺术品,

可开出的条件是任何一家洁身自好的博物馆都无法接受的。尽管如此，还是有几位管理者说："接受吧。我们可以用这笔钱修整一下博物馆的路面。"但也有人表示反对："不，我们不能昧着良心做那件事！"整个委员会为此争论不休。可最终还是达成了共识：如果为了这笔捐赠而违反博物馆的原则，那对博物馆将是一项重大损失。就这样，委员会拒绝了几座十分精美的雕塑，坚持把自己的核心价值观放在第一位。

始终牢记的事情

在进行自我评估的过程中，一定要把最核心的问题，即"我们的使命是什么？"始终放在第一位。然后再一步一步地分析清楚自己所面对的机遇和挑战，找出自己的顾客，了解他们在乎什么，并认真定义你想要达到的结果。

管理学之父

✦ 彼得·德鲁克 ✦

在制订计划之前,你需要根据调查重新审视本组织的使命,并决定是要继续坚持,还是要做出改变。

在开始进行自我评估之前,我想跟你分享一句 17 世纪著名诗人、宗教哲学家约翰·多恩 (John Donne) 在一次布道时说过的话:"想要成就永恒,别等到明天才开始,因为永恒绝非一蹴而就。"(Never start with tomorrow to reach eternity. Eternity is not being reached by small steps.) 在做出任何决定之前,一定要从长远考虑,然后反过来问自己,"我们今天要做什么?"记住,**最重要的并不是你的使命听起来有多漂亮,而是你的实际表现。**

企管大师
吉姆·柯林斯

我们的使命是什么?

企管大师

◆ 吉姆·柯林斯 ◆

我们的使命是什么？这个问题听起来似乎非常简单，但它是任何一家伟大的机构都无法回避的，当组织在思考"延续还是改变某个决策"这一问题时，它首先必须弄清楚自己的使命。**所有真正伟大的组织都必须学会"在激发变革的同时保持自己的核心使命"。**一方面，它必须谨守一定的核心价值观，即历久不变的核心使命；另一方面，它要激发变革，即学会改变、改进、创新，甚至是彻底更新。对于那些伟大的组织来说，虽然组织的运营情况、组织文化、战略战术、流程结构等都在随着外部环境的变化而不断变化，但组织的核心使命却几乎没有任何改变。事实上，那些根据外部环境的变化第一个做出改变的组织，往往也最清楚哪些东西是不能改变的；为了让组织能够更加轻松地进行调整，他们事先确立了一套不变的指导原则。

企管大师

◆ 吉姆·柯林斯 ◆

他们非常清楚哪些东西是神圣的,哪些不是;哪些东西永远都不能改变,哪些随时可以改变;哪些是自己的使命,哪些是做事的方法。

举个例子,最优秀的大学都非常清楚,每一任校长都会根据具体环境的变化而做出适当的调整,但追求真理的自由是永远都不能改变的。那些最富生命力的教派也都非常清楚,随着年轻一代生活环境的改变,具体的祈祷仪式都会发生变化,但教派的核心理念仍需保持不变。

德鲁克所说的"使命"就像是一剂巨大的黏合剂,能够在组织进行扩展、拆分、全球化、多样化的过程中将所有成员都紧紧地黏合在一起。这有点儿像犹太人的教义,虽然几百年来犹太教徒被四处驱赶,居无定所,但犹太人却始终坚守自己的教义,紧紧地团结在一起。不妨

企管大师

◆ 吉姆·柯林斯 ◆

把组织的使命想象成美国的《独立宣言》(Declaration of Independence)，或是那些将不同国籍的科学家牢牢团结在一起的科学理想，他们甘愿放弃一切，却始终不愿改变推动人类知识进步的共同目标。

组织的核心使命能为你提供具体的指导，它不仅能告诉你该做什么，还能告诉你不该做什么。社会部门的领导者总是会"为世人行善"而感到自豪，可问题是，要想发挥最大的作用，你必须学会坚守本组织的核心价值观念。要想最大限度地行善，你必须学会顶住压力，不轻易妥协，不轻易背离自己的使命，并且在偏离组织使命的时候果断停止。

当弗朗西斯·赫塞尔本担任美国女童子军领导者时，她一次又一次地强调："我们只有一个目的：帮助青少年女性发掘自己的最大潜力。"正是在这一信念的指引下，她坚定地率领女童子军完成了那些

> 企管大师
>
> ◆ 吉姆·柯林斯 ◆

对其成员有意义的活动。当一家慈善组织希望与女童子军建立合作关系，想要派遣这些满脸微笑的女孩子挨家挨户地为这家组织做宣传的时候，赫塞尔本控制住了自己的冲动，礼貌而坚定地拒绝了对方。这的确是一个"一生难求的机遇"，但这并不足以说服赫塞尔本放弃自己的信念。

记住，如果某个机遇跟你的组织使命并不相符，你的答案一定要是，"谢谢，但我不能这么做"。

随着我们生活的这个世界正变得越来越动荡不安，使命的问题就愈发重要起来。无论世界如何变化，人们仍然需要一种强烈的归属感，希望有份能让自己感到自豪的事业。他们需要一套极具指导性的价值观，希望能够跟别人一起分享自己的信念和理想。他们需要一套指导性的哲学思想，一座能够在动荡的暗夜中为他们指明方向的山巅灯塔。跟以前相比，如今的人们比以往更加自主独立，这也就意味着更多的自由和责任,同时也就更加需要自己的组织能够确立使命,并坚守自己的信念。

问题2

我们的顾客是谁？

Who Is Our Customer?

Q2.

管理学之父
彼得·德鲁克

问题2 ────────────

我们的顾客是谁？

谁是我们的主要顾客？
谁是我们的次要顾客？
我们的顾客会怎样变化？

管理学之父

◆ 彼得·德鲁克 ◆

就在不久之前,"顾客"这个词在社会部门还很少听到,非营利组织的管理者会说:"我们没有顾客,那是一个营销术语,我们所面对的是用户、病人、会员或学生。"我没有和他们争论,而是反问道,"那么请问,如果你的组织想要实现自己的价值,你们应该去满足哪些人的需要呢?"在回答这个问题的时候,你其实就是在定义自己的顾客群,即一群看重你的服务,希望能够得到你所提供的服务,或是觉得你的服务对他们很重要的人。

社会部门组织通常有两种顾客,一种是主要顾客,就是那些你的工作会直接改变他们生活的人。要想让自己的工作更加有成效,你就需要学会专注,这就意味着你要弄清楚谁是你的主要顾客。总是为不同群体服务的组织通常会分散自己的精力,从而影响自己的表现。一般情况下,对于非营利组织来说，主要顾客通常指一些志愿者、会员、合伙人、捐助者、员工或是其他一些需要得到你服务的人。他们都可以选择接受或是拒绝你所提供的服务。对于这样的群体，你可以通过提供一些有意义的服务来为他们创造机遇，或者可以组织双方一起努力去为你们所坚信的事业做贡献，也可以大家一起携起手来，共同服务你们所面对的社区。

必须记住，**主要顾客绝对不是唯一的顾客，即你的顾客绝对不是只有主要顾客**。很多组织在对主要顾客做出定义时，往往很容易定义出多个主要顾客，但那些高效的组织就能够抵挡住这种诱惑，把自己的资源集中在一个焦点上，专心服务自己的主要顾客。

如何定义主要顾客

那么，在一个复杂的环境当中，我们又该如何去找出

管理学之父

✦ 彼得·德鲁克 ✦

本组织的主要顾客，从而更好地为他们提供服务呢？下面我给大家举个例子。

有一家中型非营利组织，他们把自己的使命定义为"提高人们在经济和社会生活中的独立性"。为了完成这一使命，他们先后在各个领域同时开展了35个不同的项目，但是在过去的35年时间里，他们把自己最主要的精力用在了一群主要顾客（那些在找工作的时候会遭遇多种障碍的人）身上，刚开始，这些人主要是指那些残障人士，直到今天，残障人士仍然是他们的主要顾客。但除此之外，他们还在主要顾客的名单上添加了需要得到福利救助的单身母亲，刚刚失去工作的年迈工人，患有周期性精神疾病的人，还有那些长期依赖于化学药物治疗的人——这些人都是在寻找工作时会遇到多种障碍的人。要想衡量这个组织是否实现了预期目标，唯一的方式就是去看这些人现在是否能够找到并保持一份不错的工作。

主要顾客不一定是跟你有直接接触的人，也不一定是那些你可以坐下来和他们交谈的人，他们有可能是一群婴儿，也可能是一些珍稀物种等。不管你是否能跟他们直接对话，**找出主要顾客都可以让你的工作变得更有条理**，这样当你在为组织做一些关键决定时，就可以从组织的主要顾客群出发来加以考虑。

怎么找到次要顾客

美国女童子军是全世界最大的女性组织，同时也是一家成绩良好的非营利组织，这家组织的表现就很好地说明了一个组织该如何对待主要顾客。需要说明的是，这家组织的主要顾客是青少年女性。它们在满足主要顾客需要的同时，也能够让很多次要顾客得到满意。女童子军组织的主要任务是为美国的所有女孩提供平等进入社会的机会，自从1912年这家组织成立以来，这一使命始终没有发生改变。记得这家女童子军的创始人曾经说过，"我要为女孩子，所有的女孩子，做点什么。"这家组织的全国CEO(1976—1990年)弗朗西斯·赫塞尔本曾经告诉我："根据我们的预测，到2000年的时候，美国将会有1/3的人都属于少数民族群体，很多人都对自己的未来，对当前这种新型的种族和民族结构感到恐惧，我们却把它看成是一个机会，而且是一个史无前例的机会，为此我们创建了一个新的项目，希望能够更好地帮助那些还在成长中的女孩子。当然这个项目要比我们以前创建的所有项目都困难得多。"

由于顾客群总是在不停地变化，所以你在接触主要顾客时也必须要对次要顾客有一个新的认识。弗朗西斯解释道，"我们曾经接触到一个住房计划，那里有成百上千个女孩子，她们没有女童子军组织，但是这些女孩的确需要女童子军组织的服务,还有很多家庭也希望自己的孩子能有一个更好的未来,所以,我们就非常有必要去接触这些不同种族、不同经济水平的女孩子们,去了解她们的具体需要,她们所处的文化,以及每一个群体的具体情况。我们找到了很多次要顾客,其中有教区的牧师,有住房计划的管理人员,还有她们的父母。我们招聘了很多管理人员,在当地对他们进行培训,我们必须让这个社区的人看到我们对他们的尊重,以及我们对这件事情的投入,让那些家长们相信,女童子军组织的经历对他们的女儿来说是一次非常好的体验。"

了解你的顾客

顾客绝对不是静止不变的,在你所服务的顾客群中,他们的人数、内部结构、具体需求,以及他们的想法都会在不断地变化。有时要想满足自己的顾客,你就要学会面

> 管理学之父
>
> ◆ 彼得·德鲁克 ◆

对一个崭新的顾客群,他们可能真的需要你的服务,但是却需要你用一种全新的方式提供给他们,还有一些顾客需要你立刻停止为其提供服务,因为其他人更加需要你的服务,也可能是因为这些人完全可以在其他地方得到更好的服务,或者是你所提供的服务对这些人根本没有任何意义。

回答完这些问题之后,你就可以更好地确定自己的顾客到底想要什么,从而就可以更好地去定义你的成绩标准,制订你自己的计划。在很多情况下,即便是经过仔细思考,你仍然会对结果大吃一惊——你的顾客群和你预期的人群可能截然不同,这时你就必须做好准备,去进行自我调整。

> 我至今还记得一个牧师朋友曾经谈到一个新的项目,"天哪,这个项目的确棒极了。对于那些刚刚结婚的小两口来说,我们的这个构想实在是太棒了。"最终这个项目的确取得了成功,但让我的这位牧师朋友感到大吃一惊的是,没有一对新婚夫妇来报名

> 管理学之父
>
> ✦ 彼得·德鲁克 ✦

参加,所有来报名参加这个项目的,都是年轻的同居者,他们来参加这个项目的主要目的,是想弄清楚自己是否应该结婚。牧师拼命地向年轻的助手解释为什么要接受这个事实,可助手当时却愤愤不平地说:"我们并不是为这些人设计这个项目的。"最终经过牧师的反复劝说,这位助手才抑制了自己的冲动,没有把那些前来求助的年轻同居者赶出去。

在很多情况下,顾客就离你一步之遥,所以你必须了解自己的顾客,你必须学会一次又一次地问自己,"到底谁才是我们的顾客?"顾客群总是在不断地变化,所以那些致力于追求成果,总是把自己的使命放在第一位的组织,就必须学会在了解顾客群的过程中进行自我调整,不断去改变自己。

营销大师
菲利普·科特勒

我们的顾客是谁？

营销大师

◆ 菲利普·科特勒 ◆

40多年前,彼得·德鲁克曾经告诉我们,一家公司的目的就是要创造一个顾客群,公司唯一的利润来源就是顾客。通用电器前任 CEO 杰克·韦尔奇 (Jack Welch) 也反复向自己的员工强调:"没有人能够保证你们永远有工作,只有顾客能做到这一点。"

在一个网络时代,顾客彼此之间可以分享很多信息,他们拥有比以前更多的信息渠道,每天都可以与人分享自己的观点。在这种情况下,很多公司开始意识到,自己有了一个新的上司,那就是他们的顾客。福特公司一位很聪明的执行官曾经说过:"如果我们不买顾客的账,顾客就不会买我们的汽车。"很显然,福特公司并没有听这位执行官的话。

如果彼得·德鲁克今天还在这里的话,他可能会对自己的这个结论做出一些修改,他可能会说:"最出色的公司不会去创造顾客,他们会去创造一些疯狂的粉丝,疯狂的支持者。"他甚至可能会说:"**与其每天盯着数据来判断公司的未来,还不如去看一看你的公司今年是否在顾客心目中占据了更加重要的位置。**"

我们必须去更好地理解自己的顾客。以前我们总认为顾客会倾听我们的宣传,而且希望他们会选择我们的产品,可现在不同了,如今我们要学会选择我们的顾客,甚至可以拒绝跟某些顾客打交道。我们的任务并不是去征服所有人,而是去彻底征服我们的目标顾客。

所以我们的第一项任务就是去定义自己的目标顾客到底是谁。这个定义会影响我们的所有决定,比如说产品外观的设计、产品功能的设计、分销渠道的选择、宣传信息的编制、宣传媒体的选择,甚至包括我们的定价策略。

要想清楚地定义顾客,我们首先要从更加宽广的角度去看待顾客的购买决策流程。任何一个购买决定都是几个不同的因素相互作用的结果,比如说购买一辆家用汽车的过程。最先提出这个建议的人可能是家庭的某位朋友,他偶然提到有一款新的不错的汽车,然后家庭中那位十几岁的儿子可能会影响这个决定,他提出要购买哪种车型,最终做出决定的人是妻子,而实际去购买的却是丈夫。

营销人员的工作就是去找出这些因素,并且用有限的营销资源去影响那些在最终决定中产生最大作用的人,营销人员和销售人员需要描绘出那些在决策过程中扮演不同角色的群体的喜好和他们的价值观。

目前很多公司都在使用顾客管理软件,这就意味着他们可以收集大量顾客交易的信息。比如说很多制药公司都非常了解外科医生的情况——他们的价值观、个人喜好等。可是我们越来越意识到,仅仅有这些信息是不够的,这些信息并不能保证顾客体验的质量,仅仅去管理一些顾客信息并不能保证顾客和你打交道时都能得到满意的体验,就好像一句中国谚语所言,"如果你不懂得微笑,那就不要去开店"。

所以，说到最后，我们要努力弄清楚我们的目标顾客是谁，哪些人或事会影响他们，以及如何去创造一些让他们满意的顾客体验等。一定要意识到这一点，**今天的顾客看重的是你所提供的价值，而不是你们之间的关系，你的成功最终取决于你为顾客的成功做了些什么。**

问题3
我们的顾客重视什么？

What Does the Customer Value?

Q3.

管理学之父
彼得·德鲁克

问题3

我们的顾客重视什么？

我们认为我们的主要顾客和次要顾客重视什么？
我们需要从顾客那儿获得什么知识？
我预期我们会透过什么方式得到这种知识？

管理学之父

◆ 彼得·德鲁克 ◆

我们的顾客到底重视什么,到底怎样才能满足他们的需求或者是欲望?这个问题非常复杂,或许只有顾客本人才能回答。但是记住,**这个世界上绝对没有不理性的顾客,顾客都会毫无例外地结合自己的实际情况来做出最理性的决定。**管理者甚至都不应该去猜测"顾客到底重视什么"这个问题,他们应该设法主动地去向顾客了解这个问题的答案。我自己就是一个最好的例子,每一年我都会从十年以前毕业的学生中随机选出五六十名学生,我会问他们,现在回头想一想,校方在学校里做了哪些对你有用的事情,我们的哪些做法对你们来说仍然是最重要的,我们应该怎样才能做得更好,哪些方面需要改进,哪些做法需要停止。请相信,我从他们那里得到的反馈对我的教学产生了非常深刻的影响。

管理学之父

◆ 彼得·德鲁克 ◆

顾客到底重视什么？对于任何一个组织来说，可能是最重要的问题，但如今这个问题已经很少被提及了。非营利组织的管理者通常都是自己来回答这些问题，"他们重视的是我们服务的质量，我们改善社区的方式。"人们是如此确信自己在做正确的事，对工作也很有责任感，所以他们往往会把组织的存在作为自己工作的目的，认为自己工作的目的就是让这个组织继续存在下去，但这完全是一种官僚主义的做法，在完成每一件工作时，他们不会问"这样做对我们的顾客有用吗，我们这样做是否为我们的顾客创造了价值？"而是会问"这样做是否符合我们的规矩？"相信我，这种思维不仅会影响整个组织的表现，而且会让整个组织的愿景和意义荡然无存。

怎么样去理解你的假设

我的朋友，美国西北大学 (Northwestern University) 的

管理学之父

✦ 彼得·德鲁克 ✦

教授菲利普·科特勒曾经指出，很多组织都对自己希望传递的价值非常清楚，但是他们却不理解顾客是怎么看待这些价值的。他们根据自己的经验来作出一些假设。所以要想解决这些问题，你应该检查一下这些假设，弄清楚你所面对的顾客究竟在乎什么。然后你可以把自己的想法跟顾客的实际反馈作一作比较，找出两者间的差别，随之去客观地评价一下自己的表现。

主要顾客到底重视什么

在弄清了"主要顾客到底重视什么"之后，一家流浪者收容所就做出了一些重要的改变。很久以来，这个收容所一直坚信，自己最重要的价值、最主要的工作就是为那些无家可归的流浪者提供有营养的食物和干净的床。在和那些流浪者进行一对一的面谈之后，他们发现，虽然食物和床都很重要，但对这些流浪者来说，他们最深层的要求就是希望自己不要成为流浪者——而收容所在这方面几乎没起到多大的作用。流浪者需要一个安全的地方来重新开始自己的生活,至少需要一个暂时能成为家的地方。在了解这些情况之后,这个组织决定抛弃以前的假设,开始思考到底怎样才能把这个收容所变成一个安全的避风港。为此,他们开始想方设法解除流浪者的恐惧,让他们不会在每天早晨被赶到大街上。然后他们想办法修改了一下收容所的规定,让流浪者能在收容所呆上一段时间,仔细地思考自己想要一个怎样的新生,以及怎样才能去实现目标。

当然,在收容所作出改变的同时,他们也要求顾客作出更大的努力。在以前,顾客只要饿着肚子来到收容所就行了,现在来到这个收容所的人必须作出承诺,要想留在收容所,他必须弄清楚自己的问题,并制订出相应的计划。也就是说,在收容所和他们的顾客(流浪者)的关系当中,如今顾客需要做的更多,而整个收容所最终也取得了更大的成就。

管理学之父

◆ 彼得·德鲁克 ◆

次要顾客重视什么

了解主要顾客的需要很重要，可问题是，如果没有同样理解次要顾客的需要，你也无法让自己所在的组织正常运营。

在社会部门组织中，你总是会接触各种各样的次要顾客群，有时候主要顾客和次要顾客之间还会有一些利益上的冲突，比如说一个学校的校长必须同时满足教师、学校董事、社区合作伙伴、纳税人、学生家长，以及最重要的主要顾客群——学生的需要。也就是说，学校校长要面对6个顾客群，每个群体都对学校有着不同的期待和要求，而且每一个顾客群都非常重要。作为校长，你必须同时满足这6个顾客群的要求，至少能够保证他们不会把你开除，不会罢工，或者不会造反。

倾听你的顾客

要想制订一份成功的顾客服务计划,你需要了解每一个顾客群所关心的问题,尤其是他们在长远上如何来看待你的工作,要学会将顾客的需要纳入组织的整个发展计划。这项工作的难度极高,不亚于设计一栋大楼,但一旦了解到底该怎么做,整个工作就会变得很简单。首先你要想清楚自己需要收集哪些信息,去倾听你的顾客,认真揣摩他们的想法,然后在内部进行讨论,做决策时,记住**一定要让你的顾客参与进来,要学会倾听顾客的声音**,而且千万记住,不要只是在自我评估的时候这样做,在整个运营过程中也要这样做。

领导力大师
吉姆·库泽斯

我们的顾客重视什么？

领导力大师

◆ 吉姆·库泽斯 ◆

我发现，优秀的管理者总是在围绕"如何为顾客创造价值"这一问题来开展工作，他们所做的一切，都是为了帮助顾客创造价值。

帕特里西亚·玛丽兰德 (Patricia Maryland) 在担任密歇根州底特律市西奈·格莱斯医院 (Sinai-Grace) 总裁的时候就是这么做的。刚上任时，帕特里西亚发现整个医院死气沉沉，毫无生气。当时的情况是，底特律市的医疗行业已经进行过几次大的兼并整合，西奈·格莱斯医院是唯一没有被兼并的医院。但是，整个过程中所产生的动荡不安让医院员工感觉到非常愤怒，他们开始对周围的一切充满怀疑。除此之外，医院在财政上也面临破产的危机，虽然医院管理层已经几次削减预算，但医院仍然在赔钱。种种迹象表明，格莱斯医院不仅需要一个新的管理者，而且需要一个全新的面貌，一种新的自我认同。

帕特里西亚在整个医院范围内做了一次调查，她首先发现，格莱斯医院之所以陷入这种境地，在很大程度上跟医院一直以来的做法有关，所以帕特里西亚和她的团队首先要做的，就是设法打破医院一些根深蒂固的做法。比如说医院一个最明显的问题是急诊室问题。当时格莱斯医院最重要的顾客，也就是病人，在急诊室里等候的时间太长了。通过调查，帕特里西亚发现，平均一个病人要等上8个小时才能够见到医生并住进医院。帕特里西亚表示："毫无疑问，这是让人无法接受的。"

还有一个问题就是医院在社区中的形象。帕特里西亚发现，当时在整个社区的居民心目当中，西奈·格莱斯医院是一家非常肮脏的医院，就连那些距离医院只有一个街区的人都不喜欢去格莱斯医院就诊。由此可见，医院的环境是个大问题。这些问题都需要帕特里西亚采取行动，可是因为这些问题已经根深蒂固，医院的工作人员都已经习

领导力大师

◆ 吉姆·库泽斯 ◆

以为常,所以要想解决这些问题,管理者需要采取一些全新的办法来进行实验。

比如说,为了解决急诊室等待时间过长的问题,帕特里西亚开始改变一些长久以来形成的传统,甚至整个部门的结构。她的管理团队接受了这样的任务,随后设计了一个全新的服务流程。格莱斯医院做的第一个改变,就是为那些胸部疼痛的病人设立一个单独的区域,这样他们就可以在到达医院之后立即接受治疗。情况比较紧急的患者会被送到另外一个叫做"快速护理区"的区域,快速护理区设有相互隔开的检查室,这样就可以更好地保护病人的个人隐私。这些简单的改革很快把病人等候的时间至少缩减了75%。

很快,这些小小的改变为医院赢得了10万美金的捐款,于是管理层用这笔捐款对整个医院进行装修,将医院内外粉刷一新,还买来了新的地毯和家具,这些做法大大提升了病人和工作人员的士气。帕特里西亚还号召医生们主动捐赠自己收藏的艺术品，结果使得医院的整个环境焕然一新，开始看起来像一家现代化的医疗中心。在谈到这些变化的时候，帕特里西亚解释道，"我真的觉得创造一个温馨、热情，让病人进来之后就能感觉到信任和舒适的环境是非常重要的。"

帕特里西亚同时还号召工作人员重新看待自己跟病人之间的关系，自己对待病人的方式，"想一想，如果你照顾的是你的母亲，如果病人是你的父亲，那你会怎样对待他们？你会怎样跟他们交谈？如果你所面对的家伙整天都是一副冷面孔，一点都不友好，把你当成一个机器，而不是一个人，那你会有什么感觉？"

这些初始的变革很快就让西奈·格莱斯医院发生了翻天覆地的变化，顾客服务的得分开始逐渐上升，满分是五分，刚开始大多数医生的顾客服务指标都只能得一分到两分，后来增加到四分到五分。如今，整个西奈·格莱斯医院充满了新的活力和朝气，而且在财务上也是表现良好，

领导力大师

◆ 吉姆·库泽斯 ◆

而且最重要的是,周围社区开始对这家医院重新建立了信心,现在他们更愿意到格莱斯医院看病。

所有这些变化之所以能够发生,就是因为医院管理层懂得坚持不懈地去倾听顾客,去努力为顾客创造价值。帕特里西亚首先决定要去倾听顾客的反馈,了解顾客在西奈·格莱斯的就医经历和体验,并随之作出许多相应的调整,从而让整个组织恢复了生机和活力,同时也重新树立了工作人员的士气和自豪感。这一切之所以能够发生,是因为帕特里西亚和她的团队心里有一个非常坚定的信念,那就是要"为我们的顾客创造无与伦比的价值"。

所以,顾客到底重视什么呢?毫无疑问,**顾客需要一个能够倾听他们心声,解决他们所面临的问题,满足他们需要的组织**,而且我还可以大胆地猜测,顾客一定会看重一个有能力倾听他们,有勇气改变组织现状,并且一心想要满足他们需要的管理层和工作团队。

问题4
我们追求的成果是什么？

What Are Our Results?

Q4.

管理学之父
彼得·德鲁克

问题4

我们追求的成果是什么？

我们如何定义追求的成果？
我们成功了吗？
我们该如何定义自己的表现？
我们有哪些地方是必须加强的，哪些是必须放弃的？

社会部门组织的成绩通常都是在组织之外衡量的。比如它改变了多少人的生活，改变了多少人的生活条件——行为方式、生活环境、健康水平，以及他们的个人能力等。**为了更好地实现自己的使命，每一家非营利组织都需要决定该对什么加以评量和裁定，以便将资源集中在成果的追求上。**

着眼于短期成就和长期变化

有一对心理医生夫妇创办了一家小型的精神健康中心，他们把这个中心叫做"治疗社区"(healing community)。到今天为止，他们运营这个中心已经15年了，取得了一些令人难以置信的成就。15年来，他们的主要顾

> 管理学之父
> ✦ 彼得·德鲁克 ✦

客都是那些被诊断患有精神分裂症的病人,很多人来到他们这里之前都经历了很多次的治疗失败,病人的状况近乎绝望。

多年以来,"治疗社区"的人总是会告诉患者:"一定有地方能治好你的病"。以此来树立患者的信心。对于"治疗社区"来说,他们衡量自己工作成绩的第一个标准,就是看病人和他们的家人是否愿意再一次尝试,来"治疗社区"接受治疗。为了更好地衡量自己的工作成绩,"治疗社区"的工作人员想出了一些具体的办法来检测是否取得进展,比如说参与治疗的人是否定期参加小组讨论,或者参加治疗中心每天的例行检查和活动;病人住院的时间是延长还是缩短了;病人是否对自己的疾病有了新的认识,他们是会说"我刚刚发作了一阵",还是会躲在衣橱里面诅咒上帝;在治疗过程中,病人们能否给自己的下一步确立符合实际情况的目标等。

成立之初,"治疗社区"的使命就是让那些患有严重长期心理疾病的人恢复健康。经过医生们一两年的努力之后，很多病人都能重新回到社会，他们不再"无可救药"，有些可以回去跟自己的家人一起生活，有些人找到了稳定的工作，还有的人甚至读了研究生，并完成了自己的学业。"治疗社区"的患者们是否彻底恢复了健康？这些主要顾客的生活是否发生了彻底的变化？这就是这个组织衡量自己绩效的唯一标准。

在商业社会，你可以说公司的唯一标准就是利润，只要关注利润就够了，因为，没有利润的话，公司就不会长期存在下去。可是，在社会部门，你不可能找到这种放之四海而皆准的衡量标准。**每一家组织都必须定义自己的顾客，了解他们的需要，制定出有意义的衡量标准，并且诚实坦白地判断自己是否实现了目标。**对于很多非营利组织来说，这是一项新的要求，但是，管理者可以通过学习来掌握它。

管理学之父

✦ 彼得·德鲁克 ✦

定量和定性的标准

任何组织的成就都可以用定量和定性两种标准来衡量。这两种类型的标准是相互交织、相互影响的。如果你想要了解一个组织是如何改变别人的生活,以及在多大程度上改变别人的生活,你就有必要去了解这两种标准。

所谓定性标准,它衡量的是人们生活改变的深度和广度,衡量者通常会先做一些具体的观察,确立固定的模式,然后讲述一个深刻而个人化的故事;

而定量标准则可以为我们提供一些详细而丰富的数据资料。

一家大型博物馆的教育主管曾经告诉我一个故事,说有个人前来向她解释博物馆是如何让他自己在十几岁的时候看到生活有很多新的可能,并改变了他今后的一生。听到这个故事之后,这位教育主管便开始用这个案例来为一项帮助问题青年的新计划寻求支持。那些在较成功的研究机构里供职的人通常都无法事先确定自己的研究到底有多大价值,但是每过3年,他们都会坐下来问自己两个问题,"我们所取得的成就到底怎样改变了别人的生活?""我们明天应该把自己的精力集中到什么地方?"定性结果可能是无形的,比如说"给那些正在和癌症斗争的病人心里注入希望",这就是一种定性的结果,但它却是看不见摸不着的。虽然定量化的数据有时可能会比较主观而且也很难把握,但它是真实的,也非常重要。和定性化信息不同的是,定量数据是可以通过系统的方式来收集的。

  定量化衡量通常会使用一些比较明确的标准,衡量者首先会对收集的信息和数据进行分类,然后对此进行客观描述。定量的衡量指标可以提供大量硬性数据,比如说当问题青年开始接受大量艺术教育的时候,整个学校学生的成绩是否得到了显著的提高;那些接受完培训并找到一份

管理学之父

✦ 彼得·德鲁克 ✦

待遇不错的工作的被救助者,他们的福利是否得到了改善;那些健康专家的工作方式在新的研究成果基础上是否会改变;抽烟的青少年群体的数量是上升还是下降了;在组织进行了一次24小时的危机关照服务之后,虐待儿童的案例是否会有所减少等。如果你想要判断本组织的资源是否被投入到了真正需要的地方,想要衡量自己的工作是否取得了预期的进展,想要知道社区居民的生活是否得到了真正改善,定量的标准是至关重要的。

哪些需要加强,哪些需要放弃

对于非营利组织的管理者来说,他需要思考的最重要的问题之一就是"我们现在所取得的成就意味着什么,我们是否应该继续把资源投入到这个领域呢?"不能仅仅因为有需要就继续当前的做法,也不能因为是传统就不做任何改变。你必须将你的使命,你的资源和你想要的结果匹配起来，就好像《新约》当中关于人才的一个比喻，"你的工作，就是把你的资源投入到回报最多的地方，投入到你能够取得成功的地方。"

放弃一件事情总是会遇到很多困难，在任何一家组织当中，人们总是很恋旧，他们不愿意放弃那些应该成功但并没有成功的东西，也不愿意放弃那些曾经非常成功但如今风光不再的东西。就像我以前在一本书里面说过的那样，很多人不愿意放弃对"管理层的自我意识"所做的投资，可问题是，要想带领自己的组织取得成功，你首先必须学会放弃，否则你就不可能腾出精力和资源去做其他事情。那么，到底该放弃什么呢？在讨论这个问题时，相信组织中的每一个人都会提出一些尖刻、带有情绪化的意见。放弃是非常困难的，但是，这只是一个短期现象，一旦死去的东西被掩埋，新的生命自然会诞生，6个月之后，每个人都会感到困惑，"为什么当初花了那么长时间才做出这个决定？"

管理学之父

◆ 彼得·德鲁克 ◆

管理者必须承担责任

有时必须面对这样的现实,你的组织作为一个整体来说,其运行状况并没有预期的那么好,有很多地方都没有达到设定的结果,而且也没有表现出可以改进的迹象,这时你可能需要将自己的组织跟其他组织合并,甚至是清盘,然后把你的资源集中投入到其他地方。可问题是,对于那些组织来说,到底哪些地方该加强,哪些地方该放弃,并不容易做出评判。

在确定取舍的过程中,你需要做一个系统的分析,从而确定将自己的资源投入到哪些地方,从而可以帮助自己的组织在未来取得更大的成功。在这个过程中,你会发现,**组织的使命陈述能够明确你的责任范围,作为管理者,你必须学会承担这些责任,清楚如何给自己的组织打分,并确保自己的组织不去浪费手头有限的资源,从而使自己的组织能够用有限的资源取得更有意义的结果。**

洛克菲勒基金会总裁
朱迪思·罗丁

我们追求的成果是什么？

洛克菲勒基金会总裁

✦ 朱迪思·罗丁 ✦

大约15年前,彼得·德鲁克曾经写道,在他为非营利组织提供咨询服务的半个世纪当中,最令人激动的发现就是,非营利组织的管理者开始不再讨论自己的需要,而是讨论自己想要追求的成果。在彼得·德鲁克看来,这是一个非常好的进步。

跟平常一样,彼得·德鲁克在表达自己在这一转变当中所发挥的作用时非常低调。我们追求的成果是什么?德鲁克对这一问题的阐述清晰且一针见血,他为我们指出了一个非常重要的问题,在衡量一个非营利组织工作绩效时,我们到底需要考虑哪些问题,比如说"我们取得成功的前提是什么","要想成功,我们需要具备哪些条件","我们的合伙人和受益人是如何看待我们的工作的","我们的定量和定性的目标是什么","我们如何定义自己的成就","我们是否有勇气承认失败，能让其他人从我们的错误当中学到什么"等。

必须承认，彼得·德鲁克对这些问题的思考如今已经被大家所理解，可在我看来，如果彼得·德鲁克今天还在世的话，他会希望我们在这个问题上更进一步。人们在讨论"自我评估"这件事情的时候，已经不再局限于"是否要去评估"或者"是否只有定量的标准就足够了"等基本问题了。当然，必须承认，不管我们的用意多么良好，实际工作中都会存在一些这样那样的失误，而拒绝承认失败，拒绝跟别人分享你在失败中学到的经验显然只会让你的失败更加糟糕。

所以我们要讨论的下一个问题，或者可以说是对德鲁克提出的第四个问题的补充，就是"我们如何利用自我评估结果去更好地回答德鲁克的第五个问题——我们的计划是什么？"

"组织生存力"这套工具有一个不言自明的前提，那

> 洛克菲勒基金会总裁
> ◆ 朱迪思·罗丁 ◆

就是：**我们的计划是固定的，而且成果必定源自计划。** 可非营利组织的计划工作通常是反复的，而非线性的，我们的计划不仅要推进我们的使命，而且还要产生可测量的成果，只有这样，我们才能知道自己的计划是否取得了成功。就像彼得·德鲁克说的，仅仅有需要是不够的，仅仅有良好的意愿也是不够的，所以一项计划不能产生可测量的成果，不能形成一个机制来允许这项计划能按成果进行中途调整，那么这个计划就不能算是成功、完整的，甚至不能说是令人满意的。这项工作并不像人们做临床试验或是一个随机的可控试验，只有等到最后抵达终点的时候，我们才能够得到确切的答案。非营利组织的工作显然不是这样的，管理者的目标是对人们的生活产生实际的影响，所以，在这个过程中不断地衡量工作成效是一件非常重要的工作，它可以帮助我们不断学习，不断自我纠正，从而达到我们想要的成果。

可以说，整个过程都是在调整和平衡中完成的。非营

洛克菲勒基金会总裁

◆ 朱迪思·罗丁 ◆

利组织制订计划的过程本身就是犹如在夹缝中前行。一方面，我们必须确保我们的计划产生可以衡量的结果，有必要的话，甚至可以去改变一些具体的做法，比如说避免那些后果不太清楚，或者是超出我们控制的计划；另一方面，我们要避免另外一个极端，不能只去做那些最容易被量化的工作，选择那些能够产生结果的工作，而不去努力改变那些本应该更加重要的事情。这个过程不仅仅是一门科学，它更是一种艺术。

德鲁克在谈论第四个问题时一开始就提出"**成果是生存的关键**"，他反复强调成果的重要性。如果说成果是我们的目标，那我们就必须学会用成果来检测我们的计划。对于一家非营利组织来说，最重要的不是其中的人员工作有多么努力，他们有多聪明，或者他们是多么善良。对于任何一个领域中要想取得成功的人来说，努力都是不可避免的。而对于任何一个需要自立的行业或部门来说，杰出的人才也都是非常重要的，在这个过程中，只有用心良好

洛克菲勒基金会总裁

◆ 朱迪思·罗丁 ◆

才能吸引最优秀的人才。可是到最后，我们真正能够被人们所记住的，是我们怎样改变了他们的生活。彼得·德鲁克非常了解这一点，所以他的问题"我们追求的成果是什么？"直到今天还在引起很多人的共鸣。

问题5
我们的计划是什么？

What Is Our Plan?

Q5.

管理学之父
彼得·德鲁克

问题5

我们的计划是什么？

我们的使命是否需要修正？
我们的目标是什么？

> 管理学之父
>
> ✦ 彼得·德鲁克 ✦

自我评估的最后结果,就是形成一份能够概括组织目标和未来方向的简明计划。这份计划应该包括组织的使命、愿景、行动目标、计划、行动步骤、预算,还有一些具体的评估指标。现在我们来讨论这样一个问题,是该肯定还是要改变我们当前的组织使命,并确立长期的目标?记住,**所有的使命都必须反映三件事:机遇、能力和目标。**它要回答这些问题:我们的目标是什么?我们为什么要实现这样的目标?我们希望人们以怎样的方式来记住我们?一个组织的使命应当是超越当下的,但是它可以用来指引你当下前进的方向,它可以为我们提供一个具体的框架来帮助我们确立具体目标,动员我们调动组织所有的资源去做一些真正重要的事情。

对于一家非营利组织来说,要想实行有效的管理,它

> 管理学之父
>
> ✦ 彼得·德鲁克 ✦

首先必须确定并落实自己的使命和目标计划,这也是组织委员会的主要责任,所以计划中的这些要素都必须得到委员会的批准。

要想进一步推动整个组织使命的实现,你今天就必须采取行动,而且要为明天确立一些具体的目标。但计划并不等于策划未来,任何这样做的企图都是愚蠢的,因为未来是不可预测的。在不确定性面前,计划只能是指明你想要到达的地方,某个具体的地点,以及你采用什么样的方式到达那里。计划并不能代替事实,也不能代替科学的管理,但是在制订计划时候,你必须承认分析、经验、直觉,甚至灵感的重要性,记住,**制订计划是一种责任,而不是一项技巧**。

目标要少,要能支配一切并需经董事会批准

对于管理者来说,最困难的工作是让整个组织就其目

管理学之父

◆ 彼得·德鲁克 ◆

标,即整个组织基本的长期方向,达成共识。目标必须能够支配一切,而且在数量上不宜过多,如果你为自己所在组织确立的目标超过了5个,那就等于没有目标,你只是在分散自己的精力。目标可以为你指出明确的方向,告诉你应该把资源集中在哪儿,任何一个想要追求成功的组织,都会将自己的目标数量缩减到最少。目标来自使命,目标可以指引组织前进的方向,指引组织去加强自己的优势,把握机遇,并帮助你将所有因素综合考虑,然后描绘出你想要的未来。

  在制订具体计划的时候,有一个很好的方法,那就是首先制订一项使命陈述,来描述你的组织实现目标后的图景。彼得·德鲁克基金会的愿景就是要让社会部门成为推动社区进步的主要力量,并最终创建一个更加美好的社会。在实现这个目标的过程中,我曾接触过很多群体,很多人为这个听起来很理想化,甚至有些诗意的使命而激动不已,他们热情地加入到我们的工作当中,还有一些人则表示"还

管理学之父

◆ 彼得·德鲁克 ◆

是不要白白浪费时间了吧"。如果一个使命的陈述，不管是一句话还是一页纸，能够帮助你形象地描绘出计划，那它就是一个合格的使命陈述。下面我举个例子来说明一家艺术博物馆是如何制订自己的使命和目标的。

愿景：创建一座包容世界不同艺术遗产的城市，并让那里的人们通过艺术品来充实自己的内心世界。

使命：将艺术和人结合到一起。

目标1：保存艺术收藏品，鼓励合作伙伴去寻找那些无与伦比的艺术品；

目标2：通过大众和学术性的展览、社区教育或是出版物来帮助人们去发现、享受和理解艺术；

目标3：尽可能地吸引更多人来到博物馆，从而扩大博物馆的影响力；

目标4：维持先进的收藏技术，保证高水准的日常运营；

目标 5：使博物馆财务长期保持稳健。

要想整合组织的短期利益，唯一的方式就是所有事情都围着组织的使命和长期目标来作决定。管理层应该永远问自己，"这个决定是否能帮助我们实现自己的目标，还是会分散我们的精力，让我们忘记自己的目标？"圣·奥古斯丁 (St. Augustine) 曾经说过："我们可以祈祷奇迹出现，但同时必须脚踏实地。"你的计划就可以帮助整个组织脚踏实地，并帮助它将意愿转变为实际的行动。

目标是具体且可衡量的

所谓目标，就是一个组织在实现其使命过程中所制订的一些具体的而且可以衡量的成就标准。通常来说，在任何组织当中，都是由首席执行官来负责确定具体的发展目标、行动步骤，并处理随之而来的具体预算问题。委员会

管理学之父

+ 彼得·德鲁克 +

并不参与具体的目标计划，否则就会影响管理层随机应变，处理突发问题的能力。在制订和执行组织发展目标计划时，委员会通常会负责确定组织的使命目标、资源分配，以及对项目进展和结果的评价；而管理层则负责制定具体的任务目标和行动步骤，做出相关的预算，并且负责带领整个组织高效地完成整个过程。

有效计划的五大要素

放弃 (Abandonment)：第一个要素就是决定是否要放弃那些暂时行不通、永远行不通，或者是已经不再有任何价值的计划。在确定应该放弃那些计划之前，管理者可以征求该计划所针对的顾客群的意见，并问自己"如果有机会重头再来，我们是否还会去启动这项计划？"

专注 (Concentration)：集中精力实施那些能够行得通的计划，在这样的项目当中投入更多力量。最好的办法就

管理学之父

✦ 彼得·德鲁克 ✦

是集中精力去做那些能够让你的组织取得成功的事情，这样你就可以得到最大化的结果。一旦在某个项目上取得了不错的成绩，你就该问问自己，"我们是否可以制定一个更高的标准？"专注非常重要，但也会伴随风险，你必须做出正确的选择，将资源集中到产出最大的地方，或者我们可以用一个军事术语来说，"如果不这样做，你的侧翼马上就会暴露在敌人的火力范围内"。

创新 (Innovation)：要想保证明天的成功，你必须学会主动寻找那些能够激发你想象力的新事物，主动做出真正的创新。你必须学会问自己："到底什么是机会，新的机会是什么，出现了哪些新的情况，还会有哪些新的问题，它们是否符合你的情况，你是否真的对它们充满信心……"这时候你一定要非常小心，在尝试任何新事物之前，千万不要立刻下定决心。你应该先学会了解尝试新事物的代价，学会问问自己，"我们的顾客重视什么，现在的技术是怎样的，我们现状是怎样的，我们怎么样才能做出改变？"

提出这些问题之后，一定要找到相应的答案，这是非常重要的。

冒险 (Risk taking)：在实施计划的过程中，总是需要做出一些有风险的决定。有些风险你是可以承担的，即便出了问题，你所遭受的损失也是微不足道的；而有些决定则意味着很大的风险，它所产生的后果可能是你根本无法承担的。既便如此，你还是要做出选择，但必须把握好短期和长期的平衡；如果太保守，你就会错过机遇，但过于鲁莽，你的未来可能会毁于一旦。在做出一些冒险的决定时，没有任何固定的模式可以参考。有时，有些决定是非常大胆的，有些决定则是充满不确定性的，但无论如何，你都必须学会冒险。

分析 (Analysis)：最后，在做计划时，一定要意识到，你所收集到的信息毕竟是有限的，很多都存在不确定性，你不知道什么时候该放弃，来集中精力尝试新的事物，也不知道什么时候该承担风险，进行更冒险的尝试。这时你就应该学会分析，在做出最终决定之前，不妨先去仔细研究一下那些表现不好但非常重要的项目，认清你将遇到的挑战以及可能出现的机遇。

如何让工作人员理解并接受计划

计划总是围绕组织的使命展开的。在制订计划之前，你首先要确保你的组织有一个明确的使命。在计划结束之前，你要确保自己制订出了具体的行动方案，并为实现该计划做好了预算。一份行动计划首先要确定每个人的任务，谁应在什么时候做什么事情，这些都要确定下来；此外还要做一份具体的预算，以便为执行该计划做好充分的资源准备。**要想让整个组织的工作人员理解并接受你的计划，你一定要让那些负责具体执行的人来参与制订具体的行动步骤，你要确保每一个可能参与其中的人都有机会发表意见。**这听起来可能会使行动延迟，但如果按照这种方式进行,一旦计划制订完成,所有的人都会立刻理解,他们也就会更快地做好准备,积极采取行动,投入到新计划当中。

在开始执行计划之前,管理团队会准备一份最终的计划方案来供委员会评审。在解释完计划并讨论完毕之后,委员会主席将会要求委员们批准组织的计划步骤以及预算安排。主席可能会请委员们确定本组织的使命陈述,如果你的组织已经制定了一份使命陈述的话,主席应该要求制订计划的团队将这一使命陈述作为整个计划的一部分,一旦委员会批准了这项计划,下面就开始执行了。

永远不要感到满足

这也是自我评估过程的最后一个问题。很快,你的自我评估就会走到尾声,评估是一个始终在不断进行的过程,你的组织必须时刻集中精力,认真监控组织整体目标的完成进度,而且必须要去评估结果,看看你们到底改变了多少人的生活。在这个过程中,一旦情况有所变化,出现了意外的惊喜,或者是顾客提出了一些你们没有想象到的问题时,你就要做好准备,随时调整自己的计划。

真正的自我评估永远都不会结束,领导层需要不停地去重新审视、磨炼自己,而且永远都不应该感到真正的满足。在这个过程中,你一定要不停地问自己这样一个问题,"我们希望人们用怎样的方式记住我们?"这个问题会让你去不断地自我反醒,更新你本人以及你所领导的组织的理念,因为它可以让你看清,自己究竟能做出怎样的成就。

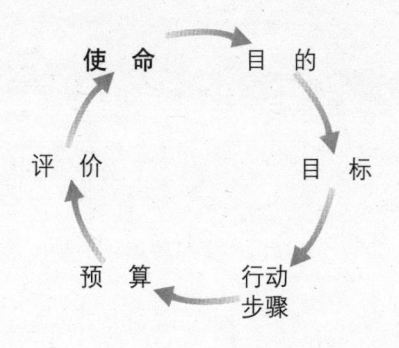

使命 → 目的 → 目标 → 行动步骤 → 预算 → 评价 → 使命

市场大师
V. 卡斯特利·兰根

我们的计划是什么?

市场大师

◆ V. 卡斯特利·兰根 ◆

所谓计划,就是将组织的战略或使命目标转化为一系列可行的项目,并且在组织内部集合必要的资源,通过开展项目来实现组织目标的过程。简单来说,战略的制定可以被看成是一项练习,其主要目的是确定组织的目标,并帮助组织开发出一种有效的模式,从而通过实现目标来更好地推动整个组织的发展。相比之下,计划可以被看成是一份具体的行动日程表。组织在制订计划的过程中经常犯的一个错误,就是把计划看成是一成不变的战术指导,要求整个落实过程中,每一步都完美地按照计划执行。

一份商业计划则不同,商业计划更像是一个持续的流程,它需要决策者将主要精力放在制定战略和确定目标上面,而不是实现目标过程中的具体细节。管理者不仅需要制订计划,引导计划的实施,同时还需要根据情况的变化

市场大师

✦ V.卡斯特利·兰根 ✦

做出调整,并在调整过程中不断学习。一份有效的计划通常包括一些核心的要素,这些要素主要是以下四个方面。

第一,要对目标有强烈的专注。任何形式的组织,无论是私营企业还是非营利组织,都需要对自己的战略目标有着强烈的专注。对于一家私营企业来说,它的目标可能是提高市场渗透率,加大新产品开发力度,提高顾客满意度之类的东西;而对于非营利组织来说,它首先必须要有一个可以实现的组织使命,然后它才能去确定具体的战略目标。所以说,一个组织的组织使命必须能够激励人心,而在具体的运营过程中,又要确立一些具体的目标,从而保证自己的组织能够沿着正确的方向前进。

第二,方向是坚定的,但在执行中应当学会随机应变。比如说有一家博物馆想要提高自己的客流量,于是管理者计划了一系列的特殊展览,希望能够吸引更多新的参观者或是回头客——这是一个明确的方向。但要想制定出一份有效的计划,管理者必须再进一步详细策划具体的展览、

> 市场大师
>
> ✦ V.卡斯特利·兰根 ✦

时间安排,并设计一些能够吸引参观者的宣传节目。不仅如此,根据这个博物馆的具体目标(比如说是想要吸引新的参观者还是回头客)管理者可能需要制定出不同的计划。但有一点需要提醒的是,彼得·德鲁克曾经在他的"自我评估工具"的最新版当中写道,"计划并不是去计划未来,任何想要这样做的企图都是愚蠢的,未来是不可预测的。"所以有一点非常重要,那就是在制订计划的过程中,你需要保持一个开放的心态,同时准备几个潜在的目标达成方案,同时必须坚守组织的战略方向。

在博物馆推广的过程中,如果项目团队发现某个展览似乎能够吸引更多新的参观者,这时就必须表现出足够的灵活性,立刻想办法将这些新的参观者发展成自己的会员,这就需要临时制定一些新的方案,从而更好地利用这些第一次来参观的人所提供的机会。与此同时,项目团队还需要弄清楚为什么会出现这样的情况,并从中总结出新的经验——只有这样,这个团队才能把这次的经验更好地运用到下一次特殊展览活动中。同样，项目团队还应当展开分析，弄清楚计划为什么没有达到预期的目的，这样组织就可以在未来避免出现一些代价较高的失误。所以要想制定一份有效的计划，管理者必须学会随机应变，同时要有随时学习的心态。

第三，计划的制订和责任都应该落实到具体的个人身上。在制定一份计划的过程中，那些负责具体执行的人也应该积极地参与进来，从而保证制定项目的团队可以更多地集思广益，征求更多方面的意见，但是无论怎么制定，最终整个项目的执行及其成败都要落实到一些具体的个人身上。正因为如此，管理者不能硬把一份计划强加给执行团队，而应该让执行团队了解并且认同你所制定的战略目标和战略方向。

一旦执行团队在最初的时候就参与了目标和方向的制定，他们就会有足够的自主权来采取具体的行动。只有这样，执行团队的管理人员才会感觉到在执行过程中有足够的自由度，那些善于思考的管理人员会做出自己的判断，去对整个计划重新定位，或是去削减那些可能不太成功的项目。

第四，适时监测可以帮助你制定出更好的战略。 之所以要对执行的过程进行监测，一个主要的目的就是去了解每个项目背后的逻辑，以及该项目在推动组织的战略目标实现过程中的意义。即便是组织的总体目标没有问题，也不可能所有的项目都非常成功，也正因为如此，如果只是检测组织整体战略目标是否实现是不够的，你还应该进一步深入下去，找出哪些项目的确有助于帮助组织取得成功，哪些项目不能帮助组织取得成功，而且还要了解为什么会这样。就这样，通过不停地反思，你在下一次制定战略目标时才可能有所改进。

在每一次制订计划时都应该进行这样的练习，而且不仅要请项目经理，还要请比具体项目团队更高一级的管理者参与进来，那些负责设计组织战略方向和目标的团队应该参与整个团队反馈的流程，把这些具体的经验总结出来，更好地应用到下一次战略计划制定过程中去。

彼得·德鲁克基金会
主 席

◆ 弗朗西斯·赫塞尔本 ◆

转型领导力

在一个规则不断变化的世界里，每个经济部门都有数以百万的人努力地去应对领导者的新要求。我几乎在所有地方都听到管理者在讨论同样的问题：如何实现转型，如何帮助自己的组织实现发展目标。在全世界各个地方，大学、教区、公司、政府机构，或是那些正在形成的社会部门里，领导者都在努力地帮助自己的机构实现转型。

几年前，应北京光华管理学院的邀请，我曾经和四位思想领袖一起前往中国做了一系列的演讲，在跟我们的中国同行进行交流的时候，我发现我们在使用同样的语言来描述自己所面临的问题——跟我们在与美国陆军、雪佛龙公司(chevron)，或者是美国建筑协会讨论的时候所用的字眼一样，那就是"愿景"、"使命"、"目标"。当然，在不同的语言体系中，人们所用的实际字眼会有所不同，但

彼得·德鲁克基金会
主 席

◆ 弗朗西斯·赫塞尔本 ◆

这些字眼的力量都是共通的。有了共同的语言之后,来自不同的部门或是不同行业的人就可以在一起更加方便地交流,探讨如何才能帮助自己的组织实现转型。在跟公共部门、私营部门和社会部门同行分享经验的过程中,我发现,要想帮助任何一家组织实现自己的目标,或是成长为重要的、有生命力的、高效的组织,管理者通常需要跨越8个里程碑——无论是对于一个小型的社区群体、童子军组织,还是对于一家大公司或政府机构来说,都是如此。

1. 要审视环境。 你可以通过阅读、调查或是采访等方式,来确定那些能影响组织发展的重要潮流或趋势。制定战略的本质核心就是要确定这些潮流趋势的意义。有时我们可以通过一些信号抢在趋势出现之前制定出相应的计划。通过对于某一即将出现的趋势的判断,以及对它所产生的影响进行评估,然后再结合组织内部的一些信息,管理者就可以对

彼得·德鲁克基金会
主席

◆ 弗朗西斯·赫塞尔本 ◆

未来可能发生的变化做出有效的预测。在开始制订计划之前，了解环境的变化是很重要的，但需要指出的是，这只是一个很好的基础，**仅仅依靠假设来做决策是极其危险的。**

2. 要重新检视自己的使命。在彼得·德鲁克基金会，我们每3年都会重新审视一下我们的组织使命，如果有必要，我们还会对组织使命作出修订。迄今为止，我们的这个基金会成立已经15年了。在这个过程中，我们曾两次重新修订我们的组织使命——并不是因为当初彼得·德鲁克所确立的组织使命是错误的，而是因为我们所面对的环境和顾客的需要都发生了变化。

使命宣言应该在于回答"我们为什么要做现在做的事情，我们为什么要存在，我们的目标是什么"等问题。知道了管理是一件工具(而不是一个目的)之后，我们就不会再为了管理而管理，而是为了实

彼得·德鲁克基金会
主　席

◆ 弗朗西斯·赫塞尔本 ◆

现组织的使命去管理。一家组织的使命陈述并不能告诉你应该如何去经营这家组织，但它可以告诉你为什么要去经营这家组织。所以使命陈述必须清晰、有吸引力，而且切中要点。比如说，国际红十字组织的使命就是"为那些最容易受到伤害的人提供服务"，既清晰又有力，这就是一个完美的例子。

我们发现，彼得·德鲁克在过去50年中一直在帮助各种组织回答5个问题。在我们重新审视自己的组织使命过程中，我们也会提出这5个问题当中的前三个：

我们的使命是什么？
我们的顾客是谁？
我们的顾客重视什么？

这些问题回答清楚了，我们就是在为实现组织

彼得·德鲁克基金会
主席

◆ 弗朗西斯·赫塞尔本 ◆

的使命而进行管理,那么一切都好办了。

3. **去除等级制度**。变革或转型都需要将人们带出现有的组织形式,进入到一个灵活流动的组织形式当中。现代企业管理已经不能再像从前那样墨守成规,拘泥于一种形式了,相对于盒子般的方形管理,我更喜欢圆形的管理,喜欢让所有的行动都围绕着一系列同心圆展开。在这个过程中,每个人都按照同心圆的方式去开展工作,随着工作的不断深入,人们的视野和经验都会得到很大扩展和提升。**如今的知识型工人大部分都是脑力劳动者,原有的等级制度已经不再适合他们了!**

4. **挑战固有的信念和观念**。在挑战组织中的一些制度、做法、流程,或者是假设时,我们应该抱有"一切都可以改变"的心态,同时组织也应该放弃一些固有的旧的观念和管理方式,采用新的与时俱进的方式,激励组织成员最大限度地发挥自身潜力和才

> 彼得·德鲁克基金会
> 主席
>
> ✦ 弗朗西斯·赫塞尔本 ✦

能，去推动组织的发展和进步。

5. 学会发挥语言的力量。领导者必须学会用语言去领导，能够和所有的顾客进行良好的沟通，传达一些有利的能够激发人心的信息，比如说赫尔曼米勒公司 (Herman Miller) 的马克斯·德·普利 (Max De Pree) 就是用这样的方式带领米勒公司成长为世界级大公司的。在他看来，**工人所需的不是一纸合同，而是一种感召力。对于任何一个期待变革的组织来说，这种感召力都是至关重要的。**

6. 分散领导权。所有的组织都不可能只有一个领导者，有些人会用授权的方式去领导自己的组织，而有些人则会用分散领导的方式进行管理。我觉得后一种方式能够在组织的不同层次都培养出一些领导者。领导是一个组织各个层次都必须承担的责任。

7. 从前面带领，而不是从后面推动。未来的领导者不能是墙头草，只知道骑在墙上，等着看风往

彼得·德鲁克基金会
主席

◆ 弗朗西斯·赫塞尔本 ◆

哪儿吹。在一些事关组织前途的事情上，领导者必须清晰地表明自己的观点和态度，他本身就是组织的代言人。领导者必须学会以身作则，绝对不能违反自己的承诺。

8. 要评估业绩。要想取得进步，自我评估是必要的。从组织整个转型变革的一开始，就要确立清晰的使命、目标，还有任务。在计划组织的变革过程中，必须要有详细的步骤。彼得·德鲁克曾经提过5个关键的问题，在这里我们可以提出剩下的两个问题：

我们追求的成果是什么？

我们的计划是什么？

在整个世界范围内，对于那些着眼于未来的领导者来说，转型就是一场通向未来的旅程。他们的目标是将今天

✦ 弗朗西斯·赫塞尔本 ✦

的组织转化成明天业绩更好的组织。我们已经知道整个转型过程中的 8 个里程碑，但终点到底在哪里，这个问题并没有一个统一而清晰的答案。

Peter F. Drucker

✦ 彼得·德鲁克 ✦

自我评估流程

自我评估工具是一套可以灵活运用的工具。至于该怎么使用这本书,这取决于你所面对的具体情况,以及你进行自我评估的特定目的。这本小册子并不是自己跑到你的办公室门口的。你之所以拥有它,一定是因为你对它感兴趣,或者有个评估团队、某位导师、管理者,或者是领导者设计了一套评估流程,并邀请你参加进来。所以这支团队,或者是导师,就有必要向你解释清楚此次评估的目的,并告诉你进行评估所需要的具体时间,以及你要具体做的事情。

要想让整个评估发挥更大的作用,让更多的人能够理解这个流程,并随之采取必要的行动,你需要尽可能多地邀请人参与进来。由于评估过程中需要做出一些随时的修正和调整,所以整个过程可能会需要几个星期的时间。如果要对一个组织进行一次彻底的全面评估，通常要经过三个阶段，需要几个月的时间。所以在进行自我评估的过程中，组织者最好能够制定一份详细的"流程指南"，告诉参与自我评估的各级领导者如何进行具体操作。

这本书主要有两个目的，一是帮助管理者进行更加深入的思考，二是帮助管理团队成员进行更加卓有成效的讨论和决策。要想让整个评估过程达到最好的结果，你需要做3件事情：

1. 通读关于你的组织、顾客、行业趋势，以及其他自我评估资料或报告等，尽可能多地搜集相关信息；

2. 找个地方，花上一两个集中的时间段，认真地阅读这本册子，并对其中提出的一些重要问题进行深入思考；

3. 积极参加各种为评估所进行的讨论，比如说一次度假会议，一些小组讨论，或一对一的深度访谈。

关于如何使用这本书，我还有一个最后建议：千万不要在最后时刻，为赶时间急匆匆地完成这个评估。这五个问题看上去很简单，但事实并非如此。一定要抽出足够的时间，让这五个问题彻底沉淀到你内心深处。如果实施得当，这五个问题将会极大提高你的管理技能、个人能力，并坚定你对未来的责任心。记住，在进行自我评估的时候，一定要积极主动地参与进来，它不仅能够大大拓展你的视野，甚至能够塑造整个组织的未来。

Peter F. Drucker

◆ 彼得·德鲁克 ◆

可进一步探索的问题

  自我评估工具最重要的一点就是它所提出的问题，答案是非常重要的，我们需要答案才能采取行动，但重要的是要提出这些问题。

——彼得·德鲁克

问题 1：我们的使命是什么？

  在思考这个问题的同时，你不妨考虑下面的几个附加问题，它们可能会帮你找到你所需要的答案：

我们正在努力实现什么？

- ◆ 你的组织如何看待当前组织的使命？
- ◆ 你的组织是为了什么而存在？
- ◆ 你为什么要做现在在做的事情？

◆ 最后，你希望组织以什么样的方式被人们记住？

你的组织正面临着哪些重要的外部或内部的挑战和机遇？

◆ 你的组织正面临着哪些重要的挑战——不断改变的人口结构、法律法规、新科技的发展，还是来自对手的竞争？

◆ 你的组织当前正在面临哪些机会——建立合伙关系，学习领先的管理方法，还是新出现的社会文化潮流？

◆ 你的组织当前出现了哪些重要的问题，比如说你的组织需要掌握多种语言的员工，遇到了一些跟社区相关的问题、市场份额、医疗成本的增加，还是要改变分销渠道？

你的组织使命是否需要重新修正？

◆ 如果不需要，为什么；如果需要，又是为什么？

- 如果需要，你要怎样修正或重新定位自己组织的使命陈述？
- 新的组织使命有哪些优点，为什么？
- 如果新的组织使命会遇到问题的话，是什么样的问题，主要来自哪里，为什么会出现这些问题，你需要采取哪些行动才能解决这些问题？

问题2：我们的顾客是谁？

在思考这个问题的同时，你不妨考虑下面的几个附加问题，它们可能会帮你找到你所需要的答案：

我们的顾客是谁？

- 列张清单，列出所有需要你的组织提供的产品或服务的人。如果你所在的是一家非营利组织，建议你从这张清单中找出你的主要顾客——那些会因为你们的服务而改变生活的人。如果你所在的是一家企业，从这张清单当中找出你当前的主要顾客，问问自己，"按照当前的人口统计数据的变化，未来我的主要顾客群将会发生怎样的变化？"如果你所在的是公共机构，你所面对的主要顾客通常是由法律或者是建立这家机构的政府部门来决定的。

- 列出次要顾客清单，他们可能是志愿者、会员、合作伙伴、捐资人等，无论他们是否在你的组织中工作，这些人的需要都是你应当考虑的。
- 你能够为这些顾客群提供怎样的价值？
- 你的组织的优势、能力、资源等是否与这些顾客群的需要相匹配？如果匹配的话，是怎么匹配的？如果不匹配的话，为什么？

组织的顾客是否发生了变化？

- 如果的确有所变化，到底发生了哪些变化？不妨

从以下几个角度来考虑这个问题:

　　＊人口统计数据(年龄、性别、种族、民族)

　　＊主要需要(培训、收容所、日常护理等)

　　＊数量(增加，还是减少)

　　＊身体和心理状态(比如说是否有药物依赖，家庭是否出现问题等)

　　＊其他(比如说居住地点、工作场所等)

◆ 这些变化对你的组织来说意味着什么?

你的组织是要增加还是放弃某些顾客?

◆ 你的组织是否还需要为其他群体提供服务呢? 为什么?

◆ 如果需要为更多群体提供服务，你的组织有哪些具体的优势?

◆ 你的组织应当放弃哪些顾客群?

◆ 为什么要放弃这些顾客群? (他们的需要改变了?

你的资源太有限了?其他的组织能够更加有效地为他们提供服务?他们的需要跟你的组织使命不一致?)

问题 3：我们的顾客重视什么?

在思考这个问题的同时,你不妨考虑下面的几个附加问题,它们可能会帮你找到你所需要的答案:

你的组织的顾客重视什么?

- ◆ 从以下角度去思考价值:你的组织能够满足主要顾客哪些具体的需要,能够带给主要顾客怎样的满足,或者说能够提供哪些你的主要顾客从其他组织那里得不到的东西。针对每一个主要顾客群,简单描述出你的组织所能够提供的价值。
- ◆ 从以下角度去思考价值:你的组织能够满足次要顾客哪些具体的需要,能够带给次要顾客怎样的满足，或者说能够提供哪些你的次要顾客从其他组织那里得不到的东西。针对每一个次要顾客群，简单描述出你的组织所能够提供的价值。

◆ 你的顾客长期有什么需要，你的组织具备哪些能力可以保证长期满足他们的这些需要？

◆ 你的组织是否能充分提供给每一类顾客所看重的事物？

◆ 你所拥有的关于顾客重视些什么的知识，能如何运用在下列领域的决策上？

　　＊产品或服务

　　＊人员招聘

　　＊培　训

　　＊创　新

　　＊融　资

　　＊市场营销

　　＊其　他

- 你可以借助哪些资源(包括内部资源和外部资源)判断顾客满意度？比如说，你是否需要对你的顾客以及那些不再接受你服务的群体进行一次调查。
- 你的次要顾客重视什么？
- 如果他们是捐资人，他们是否会需要认同感，或者是需要感觉自己所做的贡献，能够在某种程度上有助于改善人们的生活？
- 如果他们是志愿者，他们为什么会捐赠出自己的时间？为了学习新技能，结交新朋友，还是感觉自己正在做一些有助于社会的事情？
- 如果他们跟你的主要顾客有关系，你是否了解他们的期待是什么？
- 如果他们是你的产品或服务的分销商，他们是否有一些跟组织的使命、利润和目标相关联的需要或者约束？

问题 4：我们追求的成果是什么？

在思考这个问题的同时，你不妨考虑下面的几个附加问题，它们可能会帮你找到你所需要的答案：

如何定义组织

- 在思考了德鲁克关于使命、顾客和价值等三个问题之后，你是否会对本组织想要的成果有了新的定义？如果有的话，为什么会这样？如果没有，请阐明原因？
- 你在将来会如何定义本组织想要的成果？

组织在什么程度上实现了这些成果？

- 结合你对前几个问题的回答，问问自己，你的组织在多大程度上实现了自己想要的成果？
- 你的组织所举行的哪些活动或项目有助于帮助你

实现这些成果?

- 你在将来会通过怎样的方式来从定量和定性的角度衡量自己的成果?

你的组织是否善于利用资源?

- 你的组织是否善于利用自己的资源,如志愿者、委员会、工作人员等?你是如何判断的?你的组织应该做些什么?
- 你的组织是否善于利用自己的财务资源,比如说现金、大楼、投资、捐赠等?你是如何判断的?你的组织应该做些什么?
- 你的组织是否在有效利用价值和品牌资产?
- 你的组织所提供的成果哪些吸引了捐赠者?为什么会这样?
- 你的组织如何定义自己的成果,又是如何与捐赠者分享这些成果的?这种做法是否需要改变?如果是的话，你准备做出哪些改变？为什么？
- 是否还有其他类似的组织比你更善于利用自己的人力资源和财务资源？是否比你更善于吸引捐赠者？更善于利用委员会？如果答案是肯定的，为什么会这样？你能从他们那里学到什么？

问题5：我们的计划是什么？

在思考这个问题的同时，你不妨考虑下面的几个附加问题，它们可能会帮你找到你所需要的答案：

你的组织学到了什么，推荐了什么？

- 列出最重要的经验，总结所建议的方案；
- 思考一些信息，它们不仅能够帮助你完成工作，而且还有助于你计划未来的方向以及整个组织的活动。

Peter F. Drucker

◆ 彼得·德鲁克 ◆

你的组织应该把精力集中到什么地方？

- 列出那些你认为组织应该集中精力的地方。简单陈述你的理由，并说明这样做跟你的组织使命有何契合之处。
- 在了解所有信息之后，列出你认为本组织应该集中精力的地方。然后简单说明你的理由，并说明这样做跟你的组织使命有何契合之处。

组织应该如何改变自己的做法？

- 你的组织是否需要增加一些项目或者是活动，顾客需要是否要有所增加？
- 是否需要放弃一些项目或活动？
- 如果有些工作或活动不能在本组织内部高效完成，不妨将其外包给其他组织？
- 为什么会这样？

Peter F. Drucker

◆ 彼得·德鲁克 ◆

为了实现组织目标，你的组织制订了怎样的计划？

- 要想达到预期的结果，你的组织需要实现怎样的目标？

- 对于一家非营利组织来说，组织的哪些目标能够帮助人们改变生活，帮助你们进一步推进组织的使命？

- 为了取得预期的目标，你的组织制定了哪些可以衡量的阶段性任务？

- 为了完成这些阶段性任务，你的组织制定了哪些可以衡量的行动计划？

- 为了实现这些目标，完成阶段性任务和行动计划，你的组织需要怎样的预算？

- 实现这些目标的截止日期是哪一天？

- 由谁来负责实现这些目标，谁来负责具体的执行步骤？

- 为了完成这些计划，你的组织需要如何进行人员配置？
- 你的组织如何评估和衡量自己是否达到了想要的结果？

我准备如何完成自己的职责？

- 列出你有权执行的行动步骤，以及你可以作出的建议，但需经由董事会和执行团队批准。
- 列出你希望取得授权与完成行动的预定日期。
- 列出你需要的人员配备明细。

Definitions of Terms

✦ 名词定义 ✦

行动步骤 (Action steps)：旨在实现组织目标的详细行动方案。

评估 (Appraisal)：监督组织工作进展情况的过程；可以帮助组织在实现目标的过程中，根据进展情况和环境变化，随时调整自己的计划的关键点。

预算 (Budget)：为了实施计划而投入的必要资源。

顾客 (Customers)：为了实现组织使命而需要满足其需求的群体。主要顾客是那些你的组织的工作能改变其生活的人；次要顾客通常指志愿者、会员、合伙人、捐资者、工作人员等。

顾客价值 (Customer value)：那些能够满足顾客的需要（生理和心理需要）、需求（什么时候，在什么地点，需要怎样提供服务），以及理想（对方想要的长期结果）。

Definitions of Terms

✦ 名词定义 ✦

深度访谈 (Depth interviews)：在组织内部选择一部分人进行一对一的访谈，其目的在于更好地了解这部分人的看法。然后可以根据访谈的结果来组织小组进行具体讨论，以及确定随后的决策流程。

目标 (Goals)：通常包括 3～5 个具体的内容，它们确立了整个组织最基本的长期方向。

使命 (Mission)：你为什么要做现在的事情；你的组织存在的原因是什么；它的目的是什么；你希望人们会怎样记住你的组织。

阶段性目标 (Objectives)：在实现组织目标的过程中，一系列具体的可衡量的任务。

计划 (Plan)：你为实现组织目标而制定的一套方法。一般来说，一份有效的计划必须包括确定的截止日期，具体的负责人，以及需要实现的具体目标和行动步骤等，同时还要列明必要的人力资源和财务资源。

成果 (Results)：组织的底线。你的组织是如何改变人们

Definitions of Terms
◆ 名词定义 ◆

的生活的——从人们的行为、生活环境、健康水平、个人能力等方面考虑。结果通常是在组织之外体现的。

愿景(Vision)：一幅能描述组织希望达到的结果的图画。

关于其他作者

吉姆·柯林斯

当代最伟大的思想领袖之一。他一方面从当今那些最伟大的公司里学到了很多东西——它们是如何成长的,如何实现优异业绩的,以及是如何从优秀走向卓越的——同时也教给了这些公司很多东西。他的作品包括《从优秀到卓越》和《基业长青》。

要想了解他的详细信息,请访问:www.jimcollins.com。

菲利普·科特勒

芝加哥西北大学凯洛格管理学院国际营销学美国庄臣父子公司 (S. C. Johnson & Son) 荣誉教授。他曾经与南希·李 (Nancy Lee) 合著《企业的社会责任》(*Corporate Social Responsibility*) 一书。

关于其他作者

要想了解他的详细信息，请访问科特勒营销集团网站：www.kotlermarketing.com。

吉姆·库泽斯

曾与巴里·波斯纳(Barry Posner)合著获奖畅销书《领导力挑战》(*The Leadership Challenge*)，全球销售上百万册。他同时还是圣克拉拉大学Leavey商学院创新与创业中心执行官。

要想了解关于吉姆·库泽斯的详细信息，请访问：www.kouzesposner.com。

朱迪思·罗丁

自2005年3月开始担任洛克菲勒基金会总裁。罗丁博士是一位颇有建树的心理学家，曾经担任宾夕法尼亚州立大学校长，也是常春藤名校联盟历史上的第一位女性校长。

洛克菲勒基金会网址是：www.rockfound.org。

V. 卡斯特利·兰根

哈佛商学院马尔科姆·迈克奈尔 (Malcolm P. McNair) 营销学教授，曾经与玛丽·贝尔 (Marie Bell) 合著《转变你的市场进入战略：渠道管理的三个准则》(Transforming Your Go-to-Market Strategy: The Three Disciplines of Channel Management) 一书。曾经担任哈佛商学院营销系主任 (1998—2002 年)，现任该学院社会企业计划 (Social Enterprise Initiative) 联合主席。哈佛商学院网址是：www.hbs.edu。

弗朗西斯·赫塞尔本

彼得·德鲁克基金会创始总裁，现任主席。她曾经担任世界最大女性组织美国女童子军 CEO，并且因卓越的领导力于 1998 年获得美国前总统克林顿颁发的最高公民荣誉"总统自由勋章"。著有《赫塞尔本论领导》(Hesselbein on Leadership)；与人合作编辑了 20 余本图书，其中包括《美国陆军领导力手册》(Be, Know, Do: Leadership the Army Way)；

关于其他作者

并担任获奖季刊《领导对领导》(*Leader to Leader*) 主编。

Leader to Leader Institute

◆ 关于彼得·德鲁克基金会 ◆

彼得·德鲁克基金会成立于1990年,最初名为彼得·德鲁克非营利组织管理基金会。为了实现该机构的使命(提高社会部门的领导水平)该机构多年以来,一直在不遗余力地向社会部门领导者们提供各种方案,帮助他们建立充满活力的社会部门组织。我们坚信,社会部门必须学会与私营和公共部门的合作伙伴们携起手来,共同创造一个美好的社会环境,让孩子们能够健康地成长;家庭和睦,孩子们能够得到优异的教育,人们能够拥有良好的居住条件,有一份体面的工作,能够接受不同的文化和思潮,共同生活在一个包容而安全的社区环境当中,所有人都应该享受到应有的照顾。

彼得·德鲁克基金会致力于为未来的领导者提供必要的资源、产品和经历,帮助他们更好地利用眼前的机遇,应对未来的挑战。为了帮助社会部门组织取得卓越的成绩,彼得·德鲁克基金会先后组织了400多位伟大的思想领导者共同出版了23本图书，这些书被翻译成28种语言，同时还出版了自己的季刊《领导对领导》。无论是对于商界、政界，还是社会部门的领导者来说，这份获奖期刊都为他们提供了关于如何提高领导力的宝贵知识。

彼得·德鲁克基金会帮助社会部门的领导者跟公共部门和私营部门的领导者建立伙伴关系，帮助他们获得更多新的学习成长机会。我们还为3个部门的领导者多次组织了高端峰会，并帮助社会部门的领导者组织了多次关于领导力、自我评估，以及跨部门合作的会议。彼得·德鲁克基金会一方面继承了彼得·德鲁克的遗产，另一方面也在探索提高社会部门领导者水平的新方法。我们整合了一个包括地方社区发展中心、美国陆军，以及公司董事会等各个领域的人才库，从而为社会部门组织物色新的领导者，帮助他们更好地应对变革，放弃那些如今已不再适用的传统做法。

Acknowledgements

◆ 致 谢 ◆

彼得·德鲁克基金会在此向那些帮助出版这本书的人表示最诚挚的感谢，他们是：彼得·德鲁克、吉姆·柯林斯、菲利普·科特勒、吉姆·库泽斯、朱迪思·罗丁、V.卡斯特利·兰根、弗朗西斯·赫塞尔本、彼得·伊科诺米 (Peter Economy)、金贝 (Jeong Bae)、珍妮·瑞德比尔 (Jeannie Radbill)、玛丽亚·卡彭特·奥尔特 (Maria Carpenter Ort)、塔玛拉·伍德伯里 (Tamara Woodbury)、佩姬·奥顿 (Peggy Outon)、布鲁斯 (Bruce)、安妮·特利（Anne Turley)、丹尼丝·罗斯曼·希登博士 (Dr. Denice Rothman Hinden)，以及 2006 自我评估工具修订计划会议，以及 2007 年自我评估工具研讨会的所有与会人员，同时还要感谢康斯坦斯·罗塞姆 (Constance Rossum)，负责完成了 1993 年《组织生存力》的第一个版本。

Acknowledgements
✦ 致　谢 ✦

此外我们还要向彼得·德鲁克的三位好友表示感谢，鲍勃·布福德（Bob Buford），比尔·波拉德（Bill Pollard），以及戴维·琼斯（David Jones），是你们资助出版了第一版的《组织生存力》，并且为此做了大量的宣传工作，我们从心底向你们表示感谢。如果没有你们的支持和帮助，我们根本就不可能完成这项重要的工作，你们的慷慨将会在未来许多年，让全世界受益无穷。

隆重推荐

诺贝尔经济学奖得主 弗农·史密斯 | **沃尔玛总裁 罗布·沃尔顿**

全球最大私人企业董事长兼CEO现身说法,传授实战经验!
MBM®:中国企业可借鉴的科学管理模式!

本书主要讲解科氏工业集团运用基于市场的管理模式（MBM®）取得成功的经验。书中深邃的思想和经典的案例无处不在,可以说是一部经典的企业管理类著作。

MBM® 模式的五个维度:

愿景 (Vision): 确定组织在什么领域和用什么方式才能创造最大的长期值;

品德和才能 (Virtue and Talents): 确保拥有适合的价值观和技能的人才被聘用,保留和培养;

知识流程 (Knowledge Processes): 应用相关知识,衡量和跟踪收益率;

决策权 (Decision Rights): 确保合适的人在合适的工作上,拥有合适的授权做决定,并让他们承担相关的责任;

激励 (Incentives): 根据员工为组织创造的价值给予其相应的奖励。

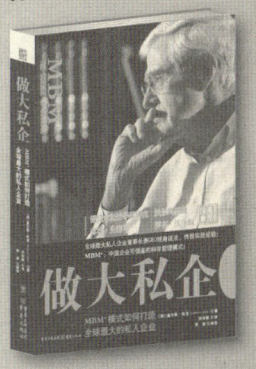

〔美〕查尔斯·科克 著
刘志新 译
李波 审校
重庆出版社
定　价:48.00元

能让产品"卖出去"和"卖上价"的销售秘笈

克林顿首席谈判顾问、《优势谈判》作者特别奉献给销售和采购人员的谈判圣经

★ 面对"只逛不买"的顾客,如何激发他的购买欲?
★ 面对迟疑不决的买主,如何促使他迅速作出决定?
★ 面对狠砍价格的对手,如何巧妙应对?
★ 面对百般刁难的供应商和渠道商,又该如何招架?

翻开这本国际谈判大师罗杰·道森的经典之作,你很快就会知晓答案。在书中,罗杰·道森针对销售谈判中涉及的各种问题,提出了24种绝对成交策略、6种识破对方谈判诈术的技巧、3步骤摆平愤怒买家的方法、2种判断客户性格的标准等一系列被证实相当有效的实用性建议。书中生动、真实的案例俯拾即是,不论你是营销大师,还是推销新卒;不论你是企业高管,还是商界菜鸟,本书都值得你一读,它不仅教会你如何通过谈判把产品"卖出去",还可以让你的产品"卖上价",进而大幅提高销售业绩和企业利润。

〔美〕罗杰·道森 著
刘祥亚 译
重庆出版社
定　价:38.00元

短信查询正版图书及中奖办法

A. 电话查询
1. 揭开防伪标签获取密码，用手机或座机拨打4006608315；
2. 听到语音提示后，输入标识物上的20位密码；
3. 语言提示：您所购买的产品是中资海派商务管理（深圳）有限公司出品的正版图书。

B. 手机短信查询方法（移动收费0.2元/次，联通收费0.3元/次）
1. 揭开防伪标签，露出标签下20位密码，输入标识物上的20位密码，确认发送；
2. 发送至958879(8)08，得到版权信息。

C. 互联网查询方法
1. 揭开防伪标签，露出标签下20位密码；
2. 登录www.Nb315.com；
3. 进入"查询服务""防伪标查询"；
4. 输入20位密码，得到版权信息。

中奖者请将20位密码以及中奖人姓名、身份证号码、电话、收件人地址和邮编E-mail至my007@126.com，或传真至0755-25970309。

一等奖：168.00元人民币(现金)；
二等奖：图书一册；
三等奖：本公司图书6折优惠邮购资格。

再次谢谢您惠顾本公司产品。本活动解释权归本公司所有。

读者服务信箱

感谢的话

谢谢您购买本书！顺便提醒您如何使用ihappy书系：
◆ 全书先看一遍，对全书的内容留下概念。
◆ 再看第二遍，用寻宝的方式，选择您关心的章节仔细地阅读，将"法宝"谨记于心。
◆ 将书中的方法与您现有的工作、生活作比较，再融合您的经验，理出您最适用的方法。
◆ 新方法的导入使用要有决心，事前做好计划及准备。
◆ 经常查阅本书，并与您的生活、工作相结合，自然有机会成为一个"成功者"。

优惠订购	订阅人		部门		单位名称	
	地址					
	电话				传真	
	电子邮箱			公司网址		邮编
	订购书目					
	付款方式	邮局汇款	中资海派商务管理（深圳）有限公司 中国深圳银湖路中国脑库A栋四楼　　　　　邮编：518029			
		银行电汇或转账	户　名：中资海派商务管理（深圳）有限公司 开户行：招行深圳科苑支行 账　号：81 5781 4257 1000 1 交行太平洋卡户名：桂林　　卡号：6014 2836 3110 4770 8			
	附注	1. 请将订阅单连同汇款单影印件传真或邮寄，以凭办理。 2. 订阅单请用正楷填写清楚，以便以最快方式送达。 3. 咨询热线：0755－25970306转158、168　　传　真：0755－25970309 E-mail：my007@126.com				

→利用本订购单订购一律享受9折特价优惠。
→团购30本以上8.5折优惠。